준비된 엄마가
행복한 아이를 만든다

준비된
엄마가 행복한
아이를 만든다

부모교육 전문가가 알려주는
좋은 부모 되는 법

백은영 지음

버튼북스

독이 되는 부모, 득이 되는 부모

이 세상에는 두 부류의 부모가 있다. 한 부류는 자녀에게 독(毒)이 되는 부모 즉 '독친(毒親)'이고, 또 한 부류는 득(得)이 되는 부모 즉 '득친(得親)'이다. 이렇게 나눌 수 있는 근거는 이 두 부류의 부모가 서로 다른 에너지장에서 살고 있을 뿐 아니라 자녀를 교육시키는 방향도 다르기 때문이다. 득이 되는 부모는 긍정적인 에너지장에, 독이 되는 부모는 부정적인 에너지장에 머문다.

양자역학이라는 과학의 세계에서는 모든 존재는 진동하고 저마다 고유의 주파수를 발하며 각자의 파장을 보낸다. 긍정적인 에너지장에 머무는 득이 되는 부모는 긍정적인 파장을 가정과 자녀에게 보내 가족 모두를 건강하게 만들며 에너지를 충전시키는 부모이다. 반면 독이 되는 부모는 부정적인 파장을 보내 가정과 자녀의 에너지를 분산시켜 힘을 잃게 만들고 결과적으로 파괴적인 삶을 살게 함으로써 가족의 에너지를 방전시키는 부모이다.

또한 득이 되는 부모는 자신과 아이 모두 어떻게 하면 잠재력을 충분히 발휘하면서 살아갈 것인가에 삶의 목표를 두는 반면 독이 되는 부모는 돈이나 명예, 사회적 지위를 추구하며 이 세상에서 어떻게 하면 살아남을 것인가에 목표를 둔다. 이러한 부모의 가치관은 그대로 아이에게 전달된다.

한 아이의 부모로 살아간다는 것은 행복 그 자체이기도 하지만 불행의 나락으로 떨어지는 삶이기도 하다. 부모든 자녀든 언제 행복을 느끼는가를 되짚어보면 부모가 '좋은 사람'으로 살아갈 때 우리 모두 행복을 느낀다. 반면에 불행을 느낄 때는 부모로서뿐만 아니라 한 개인으로서 좋아 보이지 않는 삶을 살아갈 때이다.

부모의 의식수준이 독친과 득친을 가른다

독친이 되느냐 혹은 득친이 되느냐는 부모의 '의식수준의 차이'에서 결정된다. 우리는 저마다 의식수준을 타고나며 살아가면서 때로는 높은 의식수준으로, 때로는 낮은 의식수준으로 살아간다. 부모 또한 어떤 날은 득친으로, 또 다른 날은 독친으로 살아가는데 그 흔들리는 과정이 바로 우리의 삶이다.

그러나 흔들린다고 해서 앞으로 나아가지 않는다는 의미는 아니다. 결국 인간은 선을 향해 나아가는 존재이기 때문이다. 즉 동물과 신 사이에서 흔들리며 신의 모습을 향해 나아가는 존재가 바로 인간이다. 자녀를 둔 부모 또한 흔들리면서 조금씩 앞으로 나아가고 있다. 그 흔들리는 모습이 때로는 득친으로 때로는 독친으로 비쳐지는 것이다.

독친은 나쁜 부모가 아니라 득친이 되어가는 과정 속에 있는 부모의 모습이다. 득친은 우리가 최종적으로 도달하고자 하는 부모의 모습이다. 우리는 독친과 득친의 모습을 모두 가지고 있다. 다만 득친의 모습으로 자녀와 더 많은 시간을 보냈으면 하는 바람을 가질 뿐이다.

이 책에 나오는 부모의 양상은 우리 모두의 모습을 닮았다. 1부에서는 독친에 의해 흔들리고 있는 아이들과 독친으로 살아가야 하는 엄마들의 아픔을 살펴본다. 엄마라는 이름으로 살아가고 있는 우리는 과거의 아픈 기억으로 독친이 되기도 한다. 독친의 유형을 살펴보면서 나는 어떤 엄마인지 생각해볼 것이다. 2부에서는 아이와 엄마 모두가 상처 받는 이유와 우리가 가족이란 이름으로 왜 만났는지, 만남을 통해 무엇을 얻어야 하는지에 대해 이야기할 것이다. 또한 독친과 득친을 지배하는 10가지 법칙을 통해 독친과 득친이 삶을 대하는 태도와 방향이 어떻게 다른지 살펴볼 것이다. 3부에서는 독친에서 득친으로 변할 수 있는 10가지 솔루션을 제시하고, 독친이 득친이 되었을 때 아이에게 나타나는 변화를 살펴볼 것이다.

책을 읽으면서 독친이라고 자책할 필요도 없고 득친이라고 오만해서도 안 된다. 우리는 오르락내리락하는 의식수준의 롤러코스터를 타고 있는 존재이기 때문이다. 이 세상 모든 사람이 다 흔들리며 나아가고 있다. 그것이 인생이다. 우리는 단지 모든 것은 선을 향한다는 믿음으로 나아갈 뿐이다.

2부 • 이렇게 하면 자녀와의 관계를 망친다

1장 자녀를 망치는 부모의 행동

2장 독친과 득친을 지배하는 107가지 법칙

3부 · 엄마의 작은 변화가 아이의 미래를 바꾼다

2장 엄마가 바뀌면 아이도 바뀐다

1부

상처를 주고받는
가족이라는 이름

1장

위기에 선 아이들

독친은 삶의 방향이 결국 죽음을 향하기 때문에 아이의 에너지를 방전시

킨다. 독친에 의해 흔들리고 있는 아이의 아픈 모습을 들여다보면서 아이

가 삶의 주인이 되어 스스로 삶을 설계하고 자신의 능력을 마음껏 펼칠 수

있도록 돕는 것이 부모의 역할임을 다시 한번 되새겨보자.

좀비가 되어가는 아이

"좀비zombie◆ 영화 보셨어요? 거기 나오는 좀비들 있잖아요? 눈에는 다크서클이 있고 어기적거리며 넋이 나간 것 같잖아요? 우리 아이가 꼭 그래요. 아침에 깨우면 벌떡 일어나면 좀 좋아요. 몇 번씩 가서 불러도 대답만 할 뿐 일으켜 세워서 화장실로 밀어 넣어야 한다니까요. 좀비가 따로 없어요. 지금은 그래도 개학해서 그렇지 방학 때는 아이와 전쟁이었어요."

◆ 부활한 시체를 일컫는 말로 아이티를 비롯한 여러 나라가 믿는 부두교에서 유래했다. 처세술만 터득해 조직 내에서 주체성 없이 무사안일하게 행동하는 사람, 요령만 터득한 채 자기계발에는 관심이 전혀 없는 소극적인 사원, 현대의 관료화된 거대 조직 내에서 무사안일주의로만 일관하는 사람을 꼬집는 말이다.

요즘 학교 프로그램을 나가보면 좀비와 같은 아이들을 이따금 만난다. 자기 삶을 주도적으로 이끌어가는 주인이 아니라 삶의 목적과 의지를 잃은 채 눈동자에 힘이 없고 행동에도 생기가 없는 아이들이다.

왜 공부를 해야 하느냐, 왜 학교에 와야 하느냐, 이렇게 학교에 와서 공부해봐야 무슨 이득이 있느냐고 묻는 아이에게 "공부가 너의 인생을 바꿔줄 거야. 그러니 열심히 공부해야 해."라는 말이 어떤 의미로 들릴까? 이 아이에게 삶의 주인이 아닌 노예로 살아가야 하는 학창 시절은 그야말로 좀비가 되어가는 과정이 아닐까?

아이를 좀비로 만드는 맹독

좀비란 힘없이 어기적거리는 걸음걸이와 넋이 나간 눈빛, 늘어진 턱을 가진 걸어 다니는 시체를 말한다. 복어와 같은 맹독성 어류에서 채취한 독이나 정신을 몽롱하게 만드는 분말을 신체에 투여하면 사람은 죽음과 같은 혼수상태에 빠진다. 해독제를 투여해서 회복한다고 하더라도 의지력을 잃어버린 '영혼 없는 인간'이 된다. 다시 깨어난 이들은 자신이 어떤 존재였는지 알지 못한 채 노예처럼 주인의 말에 복종해서 쉽게 부릴 수 있는 존재가 되는데 이것이 바로 좀비이다.

최근 아이들은 아무런 문제의식도 없이 부모가 하라는 대로 하고,

먹으라는 대로 먹고, 입으라는 대로 입는다. 엄마가 시키는 대로 하고 말을 잘 들으면 보상을 더 많이 받는다는 것을 알기 때문이다. 이렇게 외적보상에 점점 더 익숙해져 가는 아이들이 많아지는 요즈음 이 아이들을 좀비와 같은 살아있는 시체로 만드는 맹독은 과연 무엇일까?

꿈이 없는 아이

"아이가 꿈이 없어서 걱정이에요. 뭐가 되고 싶으냐고 물어도 대답을 안 해요. '되고 싶은 것이 없으면 공부라도 열심히 해야지'라고 말하면 문을 쾅 닫고 방으로 들어가 버려요."

요즘 아이들은 꿈이 없다고들 한다. 왜 꿈이 없을까? 우리 부모세대는 가능성의 유무와는 상관없이 모두 꿈이 있었고 생활기록부에 있는 장래희망 자리에는 저마다의 꿈이 기록되어있었다. 그러나 요즘 아이들은 꿈이 무엇이냐고 물으면 하나같이 당황한 표정을 짓는다. 고등학교 3학년 정도 되면 꿈이 있겠지 싶어서 무슨 학과를 갈 거냐고 물으면 무표정한 얼굴로 "성적이 나와 봐야 알죠"라고 대답한다. 심지어는 "엄마에게 물어보고 대답해드리면 안 될까요?"라고 되묻는 아이도 있다.

꿈은 자신을 사랑하고 가꾸는 사람에게만 꿈의 씨앗을 준다고 한다. 그래서 꿈은 자신의 인생을 사랑하는 주인만이 가질 수 있는 특권이다. 자기 인생을 남에게 주어버린 사람, 즉 노예는 꿈을 꿀 필요가 없다. 주인이 시키는 대로만 하면 보상이 더 커지니 주인 말만 잘 들으면 되기 때문이다.

앙드레 말로André Malraux는 "모든 것은 꿈에서 시작된다. 꿈 없이 가능한 일은 없다."고 했다. 또 "오랫동안 꿈을 그리는 사람은 마침내 그 꿈을 닮아간다."고 했다. 꿈을 가져야 한다. 꿈이 없는 사람은 없다. 다만 자신의 꿈이 어디에 숨어있는지 모를 뿐이다. 그러니 그 꿈을 찾아야 한다. 꿈을 찾으면 공부할 이유도, 의욕도, 방법도 생긴다.

학생들에게 공부는 꿈을 향해 나아가는 징검다리이다. 꿈을 찾아가는 과정에서 각자의 스토리가 만들어진다. 스토리가 없으니 스펙 쌓기에 몰두하는 것이다.

우리는 자기 삶의 주인으로 살아갈 때 자신이 무엇을 좋아하고 어떤 일을 해야만 가장 행복할지 안다. 따라서 아이가 꿈이 없어 걱정이라고 말하는 부모는 꿈이 없는 아이의 진로가 어떻게 펼쳐질지 마음 쓰기에 앞서 부모가 주도해온 아이의 삶을 그 주인인 아이에게 돌려주는 일부터 해야 한다. 아이의 삶은 오로지 아이 것이어야만 하기 때문이다.

아이의 삶을 좌지우지하는 부모

주인은 자기 것을 함부로 하지 않는 법이다. 내 삶의 주인이 내 자신임을 확신하는 아이는 자기 삶을 함부로 살지 않으며 나아가 자신의 미래가 될 꿈을 소중히 키워나갈 것이다.

이제 아이에게 자기 삶을 돌려주고 아이가 원하는 것이 무엇인지 내면의 소리에 귀 기울이게 해야 한다. 내면의 소리는 아주 민감해서 한적한 장소와 조용한 시간을 좋아한다. 고요한 가운데 들을 수 있는 것이 내면의 소리이다.

이 세상 어떤 부모도 내 아이가 꿈을 실현하기는커녕 단 한 번도 꿈을 꿔보지 못한 채 살아가는 가엾은 존재가 되기를 바라지 않는다. 부모라면 자신의 아이가 인생이라는 사각 링에 올라 자신이 준비하고 노력한 기량을 마음껏 발휘하고 내려오게 해야 한다. 아이가 그 링에 한 번도 올라보지 못하고 인생을 마감하게 해서는 절대 안 된다.

그런데 대한민국은 이상하게도 아이 대신 엄마가 링에 올라가서 시합을 뛰는 느낌이다. 이제 엄마는 엄마의 링에, 아이는 아이의 링에 올라가자. 내 아이가 가장 좋아하고 잘할 수 있는 분야에서 멋지게 한판승부를 펼칠 수 있도록 돕는 것이야말로 부모가 해야 하는 진정한 역할이다. 그래야 아이도 부모도 후회하지 않는 삶을 살 수 있다.

무기력한 아이

"공부하라고 하면 눈동자에 힘도 없고 꼭 병든 닭 같다니까요. 공부하고 있나 싶어서 방에 들어가 보면 내가 볼 때만 하는 척하고 진도는 나간 것이 없어요. 어떤 때는 혹시 무슨 병에라도 걸린 게 아닌가 의문이 들 정도예요. 학원도 가라고 해야 억지로 가고. 대체 뭐가 되려고 저러나 정말 걱정이에요."

폭력적인 아이는 자신의 분노를 겉으로 드러내기 때문에 왜 화가 났는지 알 수 있다. 하지만 무기력한 아이는 자신을 그런 무기력 속으로 몰아넣은 것이 무엇인지 모르고 분노조차 표현하지 못하기 때문에 더 큰 문제가 있다.

무기력은 뭔가 하려는 의욕이 없는 상태를 말한다. 무기력이 무서운 이유는 무기력에 빠지면 삶의 전반에 영향을 미친다는 데 있다. 예를 들어 엄마와의 관계에서 무기력을 느낀 아이는 학습에서도 친구 관계에서도 무기력하다. 이런 것들이 복합되다 보면 급우들에게 따돌림을 당하거나 학교 폭력의 희생자가 될 가능성도 있다.

아이가 무기력에 빠지는 이유는 무엇일까? 미국에서 무기력에 관한 연구가 시작된 것은 1970년대부터이다. 보건복지가 잘되어있는 미국에서 보육원 아이들이 감기로 죽어가자 정부는 연구진을 투입하여 그 원인을 파악했다. 연구 결과 놀랍게도 무기력이 아이들 죽음의 원인이었다.

보육원 아이들은 여느 가정에서 자라는 아이들과 달리 자신의 욕구(배설이나 배고픔)에 즉각적인 응답을 받지 못한다. 이는 자신의 욕구로 주위 환경을 통제하지 못한다는 것을 의미한다. 이 경우 아이들은 무기력한 상태가 되고, 무기력은 면역력을 약하게 만들어 감기만 걸려도 아이들이 죽음에 이른다는 사실이 밝혀진 것이다. 이 연구를 통해 알 수 있는 것은 아이가 자신을 둘러싼 환경을 통제할 수 있는 주도성을 훼손당하면 무기력이 온다는 것이다.

무기력은 유능감◆과 반대되는 개념이다. 아이는 태어나서 가장 강력한 환경인 엄마를 통제할 때 유능감이 생기며 이 유능감으로 생긴 자신감이 호기심 대상에 대한 탐구에너지로 변해 공부도 잘할 수 있

◆ 스스로 노력하면 환경이나 자신에게 바람직한 변화를 성취할 수 있다는 자신감이나 예견을 가질 수 있을 뿐만 아니라 그것을 바탕으로 의욕적이고 생기 있게 환경에 대응하는 상태를 가리킨다.

게 만든다. 따라서 아이가 유능감을 갖도록 하기 위해서는 엄마가 어느 정도 아이의 통제 대상이 되어주어야 한다. 즉 아이가 원할 때 즉각적으로 반응해주는 엄마가 되어야 한다는 것이다.

그러나 실생활을 들여다보면 엄마는 아이의 부름에 즉각적으로 반응하기보다는 반대로 자신의 부름에 아이가 신속하게 반응하기를 원한다. 이처럼 아이가 엄마의 통제 대상이 되어버리는 상황이 지속되면 무기력에 빠진다.

유능감과 자존감을 높여야 무기력을 떨쳐낼 수 있다

《의식혁명》◆의 저자인 데이비드 호킨스David Hawkins◆◆ 박사에 따르면 무기력은 '의식수준의 지도'에서 50에 해당된다. 호킨스 박사는 인간의 의식수준을 20에서 1000으로 나누었는데, 50은 인간의 의식수준에서 거의 바닥에 가까운 수치이다. 20은 가장 아래 의식수준인 수치심의 수준이고, 30은 슬픔의 수준이며, 무기력의 수준은 50이다. 분노의 수준이 100인데 분노보다 낮은 수준이다.

호킨스 박사는 무기력을 혼자 힘으로는 도저히 빠져나올 수 없는 수준으로 규정하고 있다. 즉 무기력에 빠진 아이는 자신을 무한한 애

◆ 인간의 잠재의식을 연구한 연구서. 저자 데이비드 호킨스가 1965년 1월부터 1994년 6월까지의 연구 결과를 모아 엮은 것으로 근육 반응 시험을 통한 내면의 잠재의식에 대해 상세하게 설명하고 있다.
◆◆ 과학자이자 의사, 세계적 영적 스승이자 저술가인 아일랜드계 미국인이다. 저서로 《의식혁명》, 《치유와 회복》 등이 있다.

정으로 대하는 누군가가 있어야만 무기력 수준에서 벗어날 수 있다고 한다. 자신의 힘으로는 결코 회복될 수 없는 무기력의 수준은 스스로 무엇을 할 수 있는 에너지가 고갈된 상태이기 때문에 꿈을 가질 수도 공부를 잘할 수도 없다.

무기력에 빠진 아이는 이미 너무 많은 시도에서 좌절해 '학습된 무기력Learned helplessness◆'을 경험한 아이이다. 뭔가 시도하는 것이 두려워 시도 자체를 기피하고 자유의지에 의한 선택도 할 수 없는 자기 결정장애를 가진 아이이다.

무기력에서 아이를 구해내는 것은 늪에 빠진 아이를 건져내는 것과 같다. 이런 아이를 무기력에서 빠져나오게 할 수 있는 유일한 방법은 부모의 무조건적인 사랑을 통해 자신이 가치 있는 사람이라는 의식, 즉 '자존감'을 높이는 것이다. 자존감이 회복되어야만 스스로 선택할 수 있는 능력과 판단력이 되살아나 자신의 선택에 대한 책임을 질 줄 알고 삶의 주인으로 살아갈 수 있기 때문이다.

◆ 피할 수 없거나 극복할 수 없는 환경에 반복적으로 노출된 경험으로, 자신의 능력으로 피할 수 있거나 극복할 수 있음에도 불구하고 스스로 그러한 상황에서 자포자기하는 것이다. '학습된 무력감'이라고도 한다.

공부 의욕이 없는 아이

"고등학생이 되어도 공부를 안 하기에 '다 너를 위해서 공부시키는 거야. 엄마도 먹고 싶은 것도 있고 사고 싶은 것도 있지만 너를 위해 참고 있거든. 공부를 잘해야 네가 잘살고 행복해지지'라고 말하면 '나 잘 안 살아도 되고, 그것 말고도 행복하게 살 수 있으니 더 이상 공부! 공부! 하지 마세요'라고 대꾸하더라고요. 기가 막혀서 말이 안 나와요. 언제 철이 들지 모르겠어요."

아이가 공부 의욕이 없는 것은 앞에서 말한 무기력처럼 부모와의 관계를 비롯해 다양한 원인이 있다. 여기서는 부모가 주는 물질적 보상인 외적동기에 길들여진 아이에 대해 말하려고 한다. 외적동기 부여란 공부를 경제적 가치와 등가교환으로 생각하는 것이다. 결과적으로 외적동기는 아이에게 공부의 즐거움을 앗아가고 보상을 통해 돈이라는 권위에 순종하고 복종하도록 강요한다. 더 중요한 것은 보상을 준다는 것 자체에 "이 보상을 안 주면 너는 공부할 아이가 아니야."라는 불신이 깔려있다는 점이다. 부모가 보이는 불신에 아이는 저항하는 것이다.

어느 마을에서 일어난 일이다. 마을 아이들이 자꾸 벽에 낙서를 해서 혼내기도 하고 달래기도 해봤지만 낙서는 계속 늘어날 뿐이었다. 그런데 어느 날부터 아이들이 낙서할 때마다 돈을 주기 시작했더니 얼마 안 가 더 이상 낙서를 안 하더라는 것이다.

아이들은 이처럼 어떤 행동을 할 때 내적동기*가 있어야 재미를 느낄 뿐 아니라 지속적으로 그 행위를 한다. 반면에 외적동기** 부여는 이들을 '보상'으로 통제하는 효과가 있다. 이 아이들도 재미로 낙서를 할 때는 신났지만 돈을 받으면서부터는 낙서를 해야 할 이유와 재미를 잃어버려 그만둔 것이다. 아이들이 돈의 노예가 되어 재미있는 낙서를 그만둔 것이 아니라 돈의 노예가 되는 자신을 포기하고 그 대신 주도성을 선택했음을 보여주는 사례이다.

◆ 어떤 과제를 스스로 성취하고자 하는 내면의 욕구를 말한다. 이를테면 어떤 학습 과제에 대해 자신이 정한 목표를 달성해서 이룬 성취에 대한 칭찬이나 인정 같은 보상 등을 가르킨다.
◆◆ 학습에 대한 욕구 자체를 이끌어내는 상벌(賞罰) 등을 말하는데 외적동기는 오래 가지 못하며 지나치게 많이 사용하면 부작용이 생길 가능성이 높다.

외적동기에 길들여진 아이의 삶은 노예의 삶

아이가 주도성을 포기하고 노예가 되게 만드는 외적동기는 무수히 많다. 그중 하나가 공부를 잘했을 때 부모가 주는 경제적 보상이다. 장난감을 사준다든지 스마트폰을 바꿔주는 것이 바로 외적보상이다.

그런데 아이에게 공부를 잘하게 하려고 외적보상을 주면 돈을 주자 낙서를 그만두었던 아이들처럼 공부에 흥미를 잃어버린다. 그러면 부모는 더 큰 보상을 제시하지만 이미 공부에 흥미를 잃은 아이는 이제 더 큰 보상마저도 포기해버린다. 심지어 더 이상 보상을 받지 못하면 공부해야 하는 이유조차 잃어버리는 아이도 있다.

외적동기는 공부뿐 아니라 삶을 대하는 자세에도 치명적인 영향을 미친다. 무엇보다 큰 문제는 외적동기에 길들여진 아이는 결과에 집착하는 아이가 되어 과정을 경시하거나 과정에서 누릴 수 있는 기쁨을 느끼지 못하기 때문에 살면서 행복을 느낄 수 없게 된다는 것이다.

공부에 흥미를 느끼고 꾸준히 하는 아이로 만들기 위해서는 아이가 신나서 할 수 있는 내적동기를 불러일으켜야 한다. 내적동기는 자기 삶의 주인일 때 생긴다. 주도성을 가진 아이만이 내적동기로 공부할 수 있다.

요즘 공부 의욕이 없는 아이가 많아지는 것은 내적동기를 일으킬 수 있는 주도성을 가진 아이들이 드물어지고 있다는 말과 같다. 입시 위주의 경쟁을 강요하는 대한민국 교육은 승자도 결국 패자로 만들어버리는 승자 없는 교육이다. 이러한 교육 상황에서 공부 의욕을 잃은 아이는 주도적인 삶이 아니라 미리 패자의 삶을 선택한 아이라고 할 수 있다.

희망을 잃은 아이

"너 그렇게 공부 안 해서 어떻게 살래?"

"공부한다고 뭐가 달라지나요? 사촌 형도 좋은 대학을 나왔지만 지금 놀고 있잖아요? 나는 그 형처럼 좋은 대학에 갈 수도 없을 것 같고 미래가 불 보듯 뻔한데 왜 죽어라 공부해야 하죠? 차라리 난 아르바이트나 할 거예요. 돈도 벌고 내가 타고 싶은 오토바이도 실컷 타고, 난 이런 생활이 더 행복하다고 생각해요. 다른 아이들은 용돈 받으며 그 싫은 공부를 억지로 하고 있지만 난 돈이나 벌래요."

'고교생 44퍼센트 "10억 생긴다면 감옥 1년쯤이야…"(2013년 3월 7일 자, 연합뉴스)'라는 기사를 본 적이 있다. 흥사단투명사회운동본부에서 초 · 중 · 고등학생 각각 2,000명을 대상으로 윤리의식에 대해 설문조사한 결과 우리나라 고등학생 10명 중 4명 이상이 '10억이 생긴다면 범죄를 저지르고 1년쯤 감옥에 가도 괜찮다'라고 응답한 것이다. 중학생은 28퍼센트였고, 초등학생조차 12퍼센트나 같은 응답을 했다.

왜 이런 결과가 나왔을까? 가정형편이 어려워져서 아이들이 효심이라도 발휘한 것일까? 1950~1960년대라면 마음은 아프지만 많은 사람이 공감하는 기사였을 수도 있다. 그러나 지금은 21세기이다.

100세까지 산다고 가정했을 때 10년 단위로 나누어 가장 귀한 시간대가 언제냐고 물으면 대부분 10대와 20대라고 답할 것이다.

아이들의 시간은 어른들의 시간과 다르다. 이 시기를 얼마나 충실하게 보냈느냐에 따라 나머지 삶의 질이 달라지기 때문이다. 그런데 가장 귀한 시간 속에서 희망으로 가득 찬 미래를 일구어나갈 아이들이 10억에 자신의 삶을 내어주는 선택을 하고 있다. 자본주의의 등가교환가치가 공부를 포기하는 데서 더 나아가 자신의 미래를 포기하는 상황에까지 이른 것이다.

아이들이 삶의 의욕과 희망을 잃어가고 있다. 이러한 상황을 10년 전 일본에서 보았다. 당시 일본에서는 '잃어버린 10년'을 겪고 난 후 이런 아이들이 양산되었다. '하류'라는 말이 붙은 책들이 베스트셀러로 떠오르면서 의욕과 희망을 잃은 아이들에 대한 이야기를 들려주었다. 《하류사회》를 쓴 마우라 아츠시Miura Ashusi는 "하류란 절대빈곤층만을 의미하는 것이 아니라 의사소통 능력, 생활 능력, 노동 의욕,

학습 의욕 등 생활 전반에 걸쳐 능력과 의욕, 희망을 잃은 자포자기한 사람을 총칭한다."고 정의했다. 이때 양산된 아이들은 히키코모리Hiki Komori◆, 니트족Not in Education, Employment or Training◆◆ 등으로 불리며 현재 일본의 하류를 형성하고 있다.

아이들이 희망을 놓치게 해서는 안 된다

지금 우리나라도 의욕과 희망을 잃은 아이들이 늘어나고 있으며 일본처럼 공부도 안 하고 취업 의지도 없이 게임에 매달리고 있는 니트족이 2만 명이 넘는다고 한다. 희망을 잃은 아이들은 해를 거듭할수록 늘어날 전망이고, 이러한 젊은이가 많아진다는 것은 결국 우리나라도 일본처럼 하류사회로 진입할 것이라는 신호탄이 아닐까 염려된다.

우리나라도 IMF 이후 장기간의 경기 침체로 인해 기업들이 구조조정을 실시하거나 인건비를 절감하기 위해 임금이 상대적으로 낮은 비정규직의 고용을 늘림으로써 소득격차가 더욱 확대되었다. 이

◆　은둔형 외톨이. 처음 등장한 것은 1970년대이며 1990년대 초 일본의 경기 침체가 시작되면서 더욱 급증해 심각한 사회문제가 되었다. 이 증상을 보이는 사람들은 6개월에서 심하게는 10년 넘게 외출도 하지 않고 가족과의 의사소통도 거의 없이 생활한다. 방 안에서 텔레비전이나 인터넷 게임에 빠져서 밤낮이 뒤바뀐 생활을 한다. 증상이 심해지면 우울증에 빠지거나 폭력성을 드러내기도 한다.
◆◆　진학이나 취업을 하지 않고 구직활동에도 적극적이지 않은 젊은이들을 말한다. 경기 침체기인 1990년대 영국을 비롯한 유럽 여러 나라에서 처음 나타났으며 경기악화로 청년실업자가 늘어남에 따라 증가하는 경향을 보인다. 니트 상태를 그대로 지속하면 은둔형 외톨이로 전락할 가능성이 있다.

러한 고용변화에 직격탄을 맞은 것이 바로 청년층이며 이로 인해 많은 젊은이가 취업에 실패해 정규직이 아닌 비정규직으로 살고 있다.

요즘 나는 편의점이나 카페, 빵집에 들어가기가 두렵다. 가장 소중한 시간을 미래를 위해 보내야 하는 아이들이 시간당 수당을 받고 일하는 모습이 너무 보기 힘들기 때문이다. 그런데 그런 아이들이 날이 갈수록 점점 더 많아지고 있으며 방학 때는 고등학생으로 보이는 어린 학생들도 아르바이트 하는 것이 눈에 띈다. 정말로 가정형편이 어려워서 부모를 도와야 하는 처지라면 어쩔 수 없다. 그러나 남들처럼 용돈을 쓰고 싶고 메이커 옷을 사 입고 싶은 욕구에서 하는 아르바이트라면 생각을 달리해보면 어떨까 한다.

내가 요즘 좋아하는 단어는 '자발적 빈곤'이다. 미래를 위해 한시적으로 가난함을 선택하는 것이다. 지금 당장 돈벌이에 나서는 것보다는 내가 꼭 하고 싶고 반드시 이루어내려는 모습을 그리며 한 발짝 한 발짝 꿈에 다가가기 위해 나 스스로 선택한 빈곤 말이다.

젊은이는 지금 가난하다고 해서 그의 꿈도 가난한 것은 아니다. 자신이 그리는 꿈이 있다면 당장 아르바이트보다는 한 끼를 굶더라도 도서관에서 자신의 꿈을 키웠으면 하는 바람이다. 젊음은 어떤 모습이든 다 찬연하기 때문이다.

폭력적인 아이

"아들이 친구를 때린다고 학교에서 전화가 왔어요. 선생님에게 손이 발이 되도록 빌었죠. 다시는 이런 일이 없도록 단단히 타이르겠다고 약속하고 왔어요. 그런데 저것 좀 보세요. 방문이 성한 데가 없어요. 자신의 요구를 안 들어주거나 감정이 상하면 말로 하면 될 것을 꼭 저렇게 주먹으로 치거나 부숴요."

"지난번에는 TV를 좀 그만 보라고 하니까 의자를 던져 완전히 박살 내놓았어요. 저러다가 아들에게 맞고 사는 건 아닐지 정말 걱정돼요. 아들에게 맞고 사는 엄마들이 많다는 이야기를 언젠가 들었어요. 다들 쉬쉬해서 그렇지 많다고 하더라고요."

앞에서 언급한 아이들은 '수동적 공격형'♦이다. 능동적이고 적극적으로 공격하는 아이는 친구를 왕따시키거나 학교 폭력을 행사한다. 수동적 공격형과 적극적 공격형은 양상은 다르지만 무언가를 공격한다는 공통점이 있다. 그렇다면 대체 아이가 공격하는 대상은 무엇일까? 게다가 자신의 삶을 팽개치고 포기하면서까지 아이가 저항하고 있는 대상은 무엇이란 말인가?

사람은 들어오는 감정과 표현하는 감정이 비례할 때 건강한 정서 상태를 유지한다. 들어오는 것에 비해 나가는 것이 많거나 들어오는 것은 많은데 나가는 감정의 양이 턱없이 부족하면 정서상 문제가 발생한다.

사실 친구를 왕따시키거나 폭력을 쓰는 아이는 거친 모습과는 달리 나약하고 자존감이 낮은 아이이다. 그런 아이가 보여주는 부정적이고 반사회적인 행동은 두려움과 공포에 싸여 도움을 구하는 울부짖음이다. 그런데도 아이가 보내는 신호를 잘 받아들여서 도움을 주어야 하는 어른이 아이를 통제해야 하는 대상, 사랑이 없는 교육의 대상으로 여긴다는 데 문제가 있다. 아이를 통제하고 교육하기 전에 왜 이 아이가 이런 행동을 하게 되었을까를 고민해야 한다.

아이는 어린 시절 부모의 비난에서 비롯된 죄책감, 분노, 원한이 쌓인 경우가 많다. 이런 감정을 좋은 방향으로 분출해야 한다. 그러나 적절한 의사소통 능력을 배우지 못한 아이로서는 거친 욕설을 내뱉거

♦ 의존적이고 고분고분하다가도 지나치게 자기주장을 펼치거나 고집스러운 태도를 보이며 은근히 권위자나 상처를 준 사람들에게 저항하는 성향의 사람을 말한다. 상습적으로 늑장을 부리며 엄마의 화를 돋우거나 속을 썩이는 아이들, 부탁을 들어주기로 해놓고는 바쁜 척하고 미루면서 분통을 터트리게 만드는 사람, 은근히 비협조적인 태도를 보이는 사람들이 대표적인 수동적 공격형이다.

나 친구를 왕따시키거나 폭력으로 표출할 수밖에 없다. 자신이 받은 공포를 다시 외부로 표출함으로써 세상에 대한 복수를 하는 것이다.

이렇게 보는 시각은 아이들을 둘러싼 환경에 비중을 둔 사회학적 접근이다. 다른 견해도 있다. 《플레이-즐거움의 발견》을 쓴 스튜어트 브라운Stuart Brown과 크리스토퍼 본Christpher Vaughan은 폭력적인 아이들이 양산되는 원인을 어린 시절 놀이인 '치고받기 놀이'가 부족했기 때문이라고 본다. 아이들은 이 놀이를 통해 폭력 성향을 낮추고 반사회적 행동을 저지를 위험을 줄일 수 있다고 한다. 그런데 우리 아이들은 이러한 놀이를 충분히 하지 못했다. 놀이의 부족이 친구를 왕따시키거나 학교 폭력을 행하는 것으로 나타나고 있다.

놀이는 세상을 살아가는 데 필요한 것을 배우는 가상 체험이다. 치고받기 놀이를 한 아이는 어디까지가 놀이인지 그 한계를 안다. 그 놀이를 통해 세상을 살아가는 소통 방법을 배우는 것이다. 놀이가 부족했던 우리 아이들은 이제 놀이의 수위를 벗어나고 있다. 알래스카에서 가장 무서운 동물로 알려진 그리즐리곰의 행동을 연구하는 페이건 부부는 가장 잘 노는 곰이 생존할 가능성도 가장 높다는 것을 발견했다. 즉 미래에 필요한 기술을 연습하는 동물들의 싸움 놀이는 나중에 실제로 싸워야 하거나 사냥할 때를 대비하는 연습이라는 것이다.

아이는 놀이를 통해 소통 방법을 배운다

친구를 왕따시키거나 폭력을 행사하는 아이는 자신의 행동에 책임을 지지 않는, 주도성이 훼손된 아이이다. 남자아이는 폭력을 쓰는 경우가 많으며, 여자아이는 심리적인 부분이 강하게 개입되어 험담이나 수다, 약 올리기, 왕따시키기 등을 한다. 심리적인 위협과 왕따시키기를 교묘하게 이용하는 여자아이는 남자아이로 치면 주먹을 잘 쓰는 깡패에 해당한다. 이 역시 치고받기 놀이를 충분히 못했기 때문이다.

미국 보울링그린주립대학 신경과학자인 자크 판크셉Jaak Panksepp은 어린 동물의 생활에서 놀이가 결핍되면 뇌 성숙이 지연되거나 중단될 수 있다고 말한다. 그는 전두엽이 손상된 쥐에서 흔히 나타나는 충동(인간으로 치면 ADHD)이 놀이를 통해 줄어든다는 것을 보여주었다. 놀이는 자기통제 같은 고차원적인 관리 기능에 영향을 미치기 때문이며 판크셉은 ADHDAttention Deficit Hyperactivity Disorder(주의력결핍과다행동장애)♦가 치고받기 놀이의 결핍과 관계가 있다는 결론을 내렸다.

비행 청소년의 경우 진로 찾기를 도와 진로 목표가 정해지면 주도성이 회복되어 주도적으로 배움의 길을 가기 때문에 비행이 줄어든다는 연구 결과가 있다. 이들에게 진로 교육은 주도성을 회복하는 수단이자 미래를 위한 놀이가 되는 것이다.

♦ 주의력결핍 및 과잉행동, 공격적 행동 등의 특성을 보이는 질환을 말한다. 학령기 및 학령 전기 아동에게 흔하게 나타나며 이로 인해 정상적인 학교생활과 가정생활에 지장을 받는다.

아이들은 그들만의 놀이가 있어야 한다. 순수한 놀이는 내면에서 우러나온다. 놀이는 놀이하는 사람의 욕구와 욕망에서 출발하므로 주도성을 회복하는 수단이 된다.

부모는 아이의 시간표를 대신 짜주고 온갖 활동을 시키면서 아이의 미래를 돕고 있다고 생각한다. 그러나 이런 행동은 아이의 인생을 좌우하는 중요한 힘이 될 활동인 놀이를 접할 기회 그리고 놀이를 통해 얻을 수 있는 주도성과 내적동기를 말살시키는 것인지도 모른다. 부모는 아이의 놀이가 시간을 낭비하는 것처럼 보일 수도 있지만 아이는 놀이를 통해 그들이 살아갈 미래를 준비하고 있다는 것을 부모가 받아들여야 한다.

중독되는 아이

"컴퓨터게임만 하지 말고 공부 좀 하라고 하면 짜증을 내요. 숙제를 다 했으니 좀 내버려 두라는 거예요. 교과서 말고 책도 좀 읽으라고 하면 재미없다면서 잠깐 읽는 시늉만 하다가 그만둡니다. 정말 답답하네요."

중독의 어원 addition은 '어딘가에 달라붙어 그것의 노예가 된다'라는 의미이다. 중독된다는 것은 무언가 미해결된 욕구를 해결하기 위한 심리적 문제를 암시하는 지표가 된다. 게임에서 폭력성을 드러내거나 스마트폰에 자신을 표현하는 행동은 뒤틀린 자아가치를 표출하는 행위라고 볼 수 있다.

뒤틀린 자아가치와 폭력성에 온 마음이 가 있는 아이는 자기 삶의 주인이 되어 살아가는 것이 아니라 자신을 잃어버리고 중독 대상에 의존하며 결국 노예가 되고 만다. 그래서 중독된 아이는 주도적이지도 않고 에너지가 분산되어 공부에 몰입할 수도 없으므로 학업 성취도가 떨어져 학업 문제로 부모와 부딪치는 복합적 양상을 띤다.

학업에서 유능감을 발휘하지 못하고 지는 경험을 계속하는 아이는 삶 속에서도 지는 경험을 기피하기 위해 무언가에 도전하려는 의욕이 없어진다. 그리고 가상현실 속에서만 이기는 경험에 몰두해 부모와의 관계가 단절되고 자신에게서 소외를 느끼며 더욱 중독 대상에 빠진다.

아이가 무언가에 중독되는 이유는 아이의 욕구와 관련이 있다. 유아기에 애착 형성이 잘된 아이는 정서적인 측면에서 주도적인 통제력이 길러져 조절력이 있고 엄마와의 관계에서 문제를 해결하며 관심사가 확대되어간다. 하지만 그렇지 못한 아이는 조절력이 부족하고 자신의 욕구가 엄마를 통해 해결되지 못했으므로 엄마를 대체할 통제 대상을 찾는데 그것이 바람직하지 못한 대상에 중독되는 현상으로 나타나는 것이다.

사람은 누구나 욕구를 가지고 있고 각자 다른 욕구 프로파일이 있어서 욕구의 강도는 개인마다 차이가 난다. 미국의 정신과 의사이자 심리상담 전문가 윌리엄 글래서William Glasser♦ 박사는 인간의 욕구를

♦ 인간의 욕구를 생존의 욕구, 사랑과 소속의 욕구, 힘의 욕구, 즐거움의 욕구, 자유의 욕구 등 다섯 가지로 분류하고 인간의 모든 행동은 이 다섯 가지 욕구에 기인한다고 보았다. 화공학 기사였으나 심리학으로 전환한 후 정신의학을 전공하여 정신과의사가 되었다.

다섯 가지로 분류하고 인간의 모든 행동은 이것에 기인한다고 했다.

욕구가 중요한 이유는 아이가 자신의 결핍된 욕구를 채우기 위해 행동하며 미래 삶의 질에도 큰 영향을 미치기 때문이다.

각자의 욕구에 따라 공부하는 이유가 다르다

공부나 게임을 하면서 채우려고 하는 욕구는 아이마다 다르다. 미래에 먹고사는 문제 때문에 공부하는 아이는 '생존의 욕구'가, 부모의 인정과 사랑을 받고 싶어 공부하는 아이는 '사랑과 소속의 욕구'가 강하다. 또 자신의 존재감을 드러내기 위해 공부하는 아이는 '힘의 욕구'가, 공부가 즐거워서 하는 아이는 '즐거움의 욕구'가 강하다. 마지막으로 다른 것을 하기 위해 빨리 공부를 해치우는 아이는 '자유의 욕구'가 강하다고 볼 수 있다.

게임도 마찬가지이다. '생존의 욕구'를 채우기 위해 게임을 하는 아이가 가장 불쌍하고 중독에서 벗어나기 힘들다. 아이는 엄마의 사랑을 받으며 생존에 필요한 것을 받으면서 안전함을 느낀다. 그러나 게임에 중독된 아이는 엄마와의 애착 문제부터 엄마에게서 받을 사랑, 즉 자신의 삶을 꾸려갈 에너지를 받지 못하는 아이이다.

이런 아이의 엄마는 워킹맘이어서 시간이 없거나 전업주부라 해도 자신의 심리적 문제에 몰두해서 아이에게 전혀 시간을 내어주지 못하는 경우가 대부분이다. 이런 엄마가 키운 아이는 다섯 가지 욕구 중

중독 강도가 가장 심하며 중독에서 빠져나오기 힘들다. 살기 위해서, 이것마저도 안 하면 죽을 것 같아서 게임을 하는 아이이기 때문이다. 생존의 욕구로 게임을 하는 아이를 구해내기 위해서는 엄마의 단호한 결단이 필요하다. 이 아이는 자신의 생존과 엄마가 연결(애착)되지 않았으므로 엄마와 아이의 생존을 연결하는 작업부터 다시 시작해야 한다. 당연히 엄마의 노력이 가장 필요한 유형이다.

'사랑과 소속의 욕구'로 게임을 하는 아이는 사랑과 인정을 받기 위해 게임을 한다. 이 아이는 친구 사이에 소속감을 느끼기 위해 게임을 따라 하는 경우가 대부분이므로 어떤 친구를 사귀느냐에 따라 관심 영역이 수시로 달라진다. 게임을 하는 친구가 주변에 많으면 본인은 별 재미를 못 느껴도 친구들과 대화하기 위해 게임을 하기 때문에 중독도 덜 된다. 친구가 운동을 좋아하거나 독서를 즐기면 관심사가 자연스럽게 옮겨갈 수 있는 아이이다. 이런 욕구를 가진 아이를 둔 부모는 아이의 관심사가 바람직한 방향으로 옮겨갈 수 있도록 아이가 흥미를 보이는 취미활동을 하는 동아리를 추천해주거나 가족과 함께할 수 있는 여가를 제공해주면 좋다.

'힘의 욕구'로 게임을 하는 아이는 자신의 존재감을 타인에게 드러내고 싶어 하는 경향이 있다. 이런 아이는 주로 〈리니지〉, 〈바람의 나라〉와 같은 점수나 무기를 거래하는 게임을 선호한다. 자신의 힘을 발휘하기 위해 게임에 몰두하는 아이이다. 이 욕구가 강한 아이도 생존의 욕구로 게임을 하는 아이처럼 중독 정도가 심하다. 이런 아이를 둔 부모는 아이를 인정해주는 칭찬이나 아이가 게임 외에 잘할 수 있는 분야에 대한 지원, 욕구를 발산할 수 있는 운동이나 다양한 경험을 하게 해서 자연스럽게 좋은 방향으로 아이가 힘을 펼칠 수 있도록 도와주어야 한다.

'즐거움의 욕구'로 게임을 하는 아이는 즐거움을 추구하는 아이이기 때문에 즐거움의 대상을 바꿔주기만 하면 금방 중독에서 벗어날 수 있다. 신문이나 책에 종종 나오는 '게임 폐인'이었던 사람이 서울대를 간 사연이나 IT 관련 사업의 CEO가 된 사연 등이 그 예이다. 이런 욕구를 가진 아이는 열정과 에너지가 많기 때문에 즐거움의 종류만 바꿔주면 금방 선순환을 할 아이이다.

사실 공부와 게임은 공통점이 많다. 이 두 가지는 기초부터 시작해야 하고 노력을 통해 단계를 높일 수 있으며 성과에 대한 보상이 주어진다. 부모는 왜 아이가 게임에서는 즐거움을 느끼면서 공부에서는 즐거움을 느끼지 못하는지 고민해야 한다. 공부에서 즐거움을 찾지 못하는 아이는 학업의 기초가 누수되어있을 가능성이 있다. 기초가 다져지지 않아 공부하고 싶어도 할 수 없는 아이가 자신을 즐겁게 해주는 게임에 몰입하는 것이다.

공부나 게임 모두 단계를 가지고 있다. 그리고 낮은 단계를 거치지 않고는 높은 단계로 갈 수 없다는 공통점이 있다. 아이는 게임을 통해 이 엄연한 진리를 알고 있다. 아이가 공부에 재미를 붙이기 위해서는 단계와 단계 사이를 이어주는 연결고리가 튼튼해야 한다. 게임은 그것을 해주고 있다. 그러나 공부는 단계 사이를 이어주는 연결고리가 단단하지 못하고 스스로 연결고리를 찾아야 한다는 데 문제가 있다.

예를 들면 국사 과목을 못 하는 아이도 역사 드라마는 재미있게 본다. 드라마를 보면서 흥미롭게 역사 공부가 되는 경우도 있다. 드라마는 사건과 사건 사이의 연결고리를 보여주기 때문이다. 그러나 학교에서 배우는 국사는 어느 시대 어느 왕의 업적을 단순 암기해야 한다. 이러한 암기는 아무리 머리가 좋은 아이도 한계를 느낄 수 있다. 역사 공부를 잘하는 아이는 스스로 이 연결고리를 찾아 암기보다는 이해해가며 공부하는 아이이다.

수학의 경우도 마찬가지이다. 왜 방정식을 배워야 하고 방정식의 공식은 어떤 과정으로 나왔으며 이 방정식을 실생활이나 일을 할 때 어떻게 활용할 수 있는가에 대한 연결고리를 찾아야 한다. 그런데 이 과정 없이 아이는 단순히 공식을 외우고 문제를 푼다.

공부든 게임이든 연결고리가 단단해야 레벨업이 된다. 따라서 즐거움의 욕구로 게임을 하는 아이는 공부에서도 즐거움을 느낄 수 있다. 공부로도 즐거움의 욕구를 충족할 수 있기 때문이다. 단, 이것은 공부에서 연결고리를 찾을 때 가능한 일이다.

'자유의 욕구'로 게임을 하는 아이는 자유를 갈구하는 아이이다. 공부나 시험공부 등 자신이 해야 하는 의무에서 해방되어 자유롭고 싶은 아이이다. "숙제를 다 하면, 시험을 잘 보면 게임 시켜줄게."라고 조건을 거는 부모의 아이가 이에 속한다.

이 아이에게는 가치관 교육이 필요하다. 삶에 대한 책임, 시간 활용법, 자유는 어떻게 즐겨야 하는가 등 아이가 어리더라도 부모가 모델이 되어 차근차근 가르치면 자신의 소중한 자유를 어떻게 관리해야 하는지 알게 된다.

게임보다 엄마와 함께 있는 시간이 더 즐겁고 행복하다는 경험을 한 아이는 어딘가에 중독되지 않는다. 그런 체험이 부족하기 때문에 중독되는 것이다. 따라서 부모는 중독이 된 아이를 탓하기에 앞서 아이에게 주었던 사랑의 양이 부족하지 않았는지 되돌아보아야 한다.

자살하는 아이

- 학생 5명이 자살한 또 하나의 대치동 가보니 (2012년 6월 27일 자 프레시안)
- A급 학군 대치동에서 잇단 고교생 자살 왜 (2012년 5월 23일 자 매일경제)
- 청소년, 자살 도미노 (2012년 5월 8일 자 한국일보)
- 청소년 사망원인 1위가 자살, 충격 (2012년 4월 24일 자 한겨레신문)
- 빗나간 교육열, 끊이지 않는 비극 (2011년 11월 25일 자 한겨레신문)
- 공부밖에 몰랐는데, 경쟁사회의 비극 (2010년 12월 24일 자 한겨레신문)

청소년 자살에 대한 기사가 끊이지 않는다. 2013년부터 2018년까지 대한민국은 하루 평균 자살 사망자가 38명으로 OECD 가입 국가 중 자살률 1위로 '자살공화국'이라는 불명예를 갖게 되었다. 15~19세

청소년의 53.4퍼센트가 성적 및 진학 문제로 자살을 시도했거나 자살 충동을 느낀다고 한다. 매일 한 명의 청소년이 이 시간에도 스스로 목숨을 끊기 위해 고민하며 어딘가를 헤매고 있을지 모른다.

이처럼 학업과 진학에 대한 스트레스는 청소년 자살 원인으로 나타나고 있다. 혹자는 청소년 자살은 경쟁과 학력지상주의가 빚어낸 '사회적 타살'이라고 말한다. 아이를 있는 그대로 바라보지 않고 경제적 가치를 지닌 자원으로 만들어내려는 부모의 욕심이 아이를 벼랑 끝으로 몰아가고 있다는 것이다. 아이를 구해줄 사람은 부모밖에 없다. 그런 의미에서 죽음의 끝에서 아버지와의 통화로 돌아선 김지효 양은 그야말로 행운아이다.

지효는 공부도 잘하는 학생이었으나 감당하기 어려운 사교육에 짓눌려 그야말로 헤르만 헤세의 주인공처럼 '수레바퀴 아래에서' 죽어가는 아이였다. 매일 똑같은 일상이 거듭되는 상황에서 어느 날 지효는 죽기로 마음먹고 길을 나섰다. 그러나 마지막이라고 생각한 아버지와의 통화에서 아버지의 깊은 사랑을 느끼고 다시 삶 속으로 돌아왔다. 현재 지효는 청년 사업가로 활동 중이다.

'청소년의 인간다운 삶을 보장하고 행복하게 살 여건을 조성할 의무를 가진' 부모와 교사는 10대들의 고통을 덜어주는 역할을 하지 못하고 있는 것 같다. 한국청소년정책연구원에서 발표한 '2010 한국 아동 · 청소년 인권실태 조사'에 따르면 청소년의 40.2퍼센트가 '동성 친구에게 고민 상담을 한다.'고 답했고 고민 상담 대상이 없다고 응답한 비율도 13.9퍼센트나 되었다. 고민 상담 대상이 아버지인 청소년은 3퍼센트에 불과했다. 지효는 이 3퍼센트에 해당하는 학생이었다.

자살, 삶을 빼앗긴 아이들의 소리 없는 아우성

소통이 되지 않는 아이는 점차 부모를 멀리한다. 그래서 또래에 집착하고 그 또래에서 소외되지 않으려고 노력하는데 이 모습 또한 부모와의 관계를 어렵게 만드는 또 하나의 요인이다.

부모는 아이에게 좋은 음식과 좋은 교육을 주려고 노력한다. 그러나 때로는 상한 음식을 주기도 한다. 부모가 주는 상한 음식은 아이의 주도성을 훼손하는 사랑과 교육을 말한다. 부모가 조건적인 사랑을 주고 부모의 사사로운 욕심, 즉 사심에 의한 교육을 주면 아이는 그것을 주는 부모의 의식에 저항하며 그 부작용은 사춘기에 절정에 달한다.

조건적인 사랑과 사심에 의한 교육으로 아이의 주도성이 훼손되면 삶에 대한 통제력을 잃게 되고 그렇게 되면 스스로 자신의 삶을 주도하지 못하므로 행복할 수가 없다. 그래서 사춘기가 되면 방문을 걸어 잠근 채 대화를 거부하거나 가출을 하는 것이다. 급기야는 주도성을 상실한 채 사는 것이 너무 힘들고 괴로워 삶을 포기하고 자살하기도 한다.

자살은 개인의 입장에서 고통을 완화하기 위한 삶을 원할 때 하는 행위이다. 사실 자살하는 아이는 가장 살고 싶어 하는 아이이다. 하지만 그렇게 사는 삶보다 죽음이 더 쉽기 때문에 자살을 선택하는 것이다.

인간은 자유의지에 의한 선택을 할 때 행복하고 후회하지 않는다. 자유의지에 의해 선택을 하는 주도적인 사람은 외부 자극이나 환경에 통제당하지 않고 긍정적인 방향으로 자신의 반응을 선택한다. 그런데 아이들은 스스로 자유의지에 의한 선택을 포기하고 있다. 부모의 통제는 날이 갈수록 강해지고 아이들은 자유의지에 의한 선택을 하기가 너무 힘든 상황이며 그런 기회마저 주어지지 않는다. 이럴 때 나타나는 현상이 무기력이고, 무기력은 우울로, 우울은 자살로 마감된다.

주인은 자기 것을 함부로 하지 않는다. 내 삶의 주인이 나임을 확신하는 아이는 결코 함부로 살지 않는다. 지금 무기력이나 학교 폭력, 자살에 이르는 아이는 내 삶의 주인이 나임을 확신하지 못하는 아이이다. 내 삶을 빼앗긴 아이가 아우성치는 것이다. 아이가 자신의 인생에 주인이 되지 못하는 것은 자기 삶의 권리를 주장하는 데 한계를 느끼고 스스로 주권적 존재가 되기를 포기한 것을 의미한다. 아이가 이러한 상황에서 자기 인생의 주인이 되는 유일한 길은 저항을 하거나 자신의 의지로 죽음을 스스로 선택하는 것이다.

부모가 아이의 자존감과 주도성을 훼손하는 것은 아이의 숨통을 서서히 죄어 죽이는 살인과도 같다. 부모는 자녀의 털끝 하나 건드리지 않고도 죽일 수 있다는 스캇 펙M. Scott Peck♦ 박사의 말과 같은 맥락이다.

♦ 정신과의사이자 베스트셀러 작가, 영적 안내자. 첫 책 《아직도 가야 할 길》은 심리학과 영성을 매우 성공적으로 결합한 중요한 책으로 평가된다. 저서로 《거짓의 사람들》, 《끝나지 않은 여행》, 《그리고 저 너머에》 등이 있다.

부모를 살해하는 아이

- 예술고에 진학하고 싶은데 판검사가 되라는 아버지를 살해한 사건
- 공부도 하지 않고 결석한다고 여러 차례 꾸짖는 어머니를 때려 숨지게 한 뒤 집 안에 사흘 동안 방치한 사건
- 아버지의 기대에 부담을 느껴 청부업자에게 가족을 살해해달라고 한 사건
- 학교 성적표를 보고 꾸짖는 아버지를 흉기로 살해한 사건

아이는 자신의 주도성을 앗아간 부모에게 저항해 스스로 목숨을 끊을 뿐 아니라 부모를 살해하기도 한다. 최근 부모를 살해하는 사건 사고가 증가하고 있다. 자녀를 향한 그릇된 사랑이 빚어낸 비극적 결과이다. 자녀교육에 대한 의견충돌로 가정불화를 겪고 이혼하는 일

은 사건사고에도 들지 못할 정도로 소박해 보인다. 어쩌다 이 지경까지 치닫게 된 것일까? 이 세상에서 자녀를 가장 사랑하는 사람은 예외없이 부모이다. 그런 부모가 증오로 얼룩진 살해의 대상이 될 만큼 아이는 어떤 상처를 입었던 것일까?

자녀가 부모를 살해한 '패륜' 범죄의 원조는 1994년에 발생한 한 의사 부부 피살 사건이라고 전문가들은 입을 모은다. 범인은 살해된 부부의 장남 박한상(당시 23세)이었다. 당시 미국으로 도피유학을 떠났던 박한상은 도박으로 3,000여만 원의 빚을 졌고 이 사실을 알게 된 부모가 화를 내며 아들에게 귀국을 종용하자 부모와의 갈등은 점점 깊어갔다. 결국 귀국하는 비행기에서 그는 부모를 살해해 100억 원대의 유산을 상속받아야겠다고 결심하고 범행을 준비했다. 살인을 저지른 뒤 강도로 위장하기 위해 집 안 곳곳에 불을 질렀다. 당시 이 사건이 가져다준 충격은 엄청났으며 부모를 공경하는 유교문화를 가진 한국 사회에서는 충격 그 자체였다.

가정 폭력♦과 무관심이 부모 살해로까지 이어진다

2000년 그것도 가정의 달에 부모를 토막 살해한 이은석 사건은 큰

♦ 부모, 배우자, 자녀, 형제자매, 친척, 사실혼 관계에 있는 사람 등을 대상으로 행해지는 폭력. 흔히 신체적 폭력만을 가정 폭력이라고 생각하지만 형법에 규정된 가정폭력범죄에는 상해, 폭행, 유기, 학대, 감금, 협박, 명예훼손, 공갈, 재물손괴 등 다양한 행위가 포함된다.

충격을 주었다. 은석이 어머니는 명문여대 출신으로 최초로 여자 대통령이 되려는 꿈을 가지고 있었다. 그러나 현실적으로 가능하지 않음을 깨닫고 자신의 꿈을 바꾸어 영부인이 되고자 군인 출신과 결혼했다. 하지만 시간이 지나도 남편이 진급이 안 되자 자신의 야망을 아들을 통해 이루고자 했다. 두 아들 중 큰아들은 호락호락하지 않았다. 그래서 선택한 것이 막내 은석이었다.

은석이 어머니는 교육을 잘 시키겠다는 욕심에 어린 아들에게 엄청난 폭력을 행사했다. 아이에게 쟁반을 집어 던져 유리창이 깨지기도 했고 추운 겨울날 발가벗겨 집 밖으로 내몰기도 하는 등 은석이 어머니의 체벌은 어린 아이가 감당하기 어려운 수준이었다. 은석이는 어머니에게 맞아 죽지 않기 위해 공부를 했고 말수도 줄어들었으며 성격은 점점 내성적으로 변해갔다. 공부를 잘한 은석이는 명문 K대와 S대에 합격했다. 하지만 S대를 가려면 한 달간 논술 준비를 해야한다는 말을 듣고 그 한 달간 엄마에게 시달릴 것이 두려워 결국 K대에 수석으로 입학했다.

은석이는 엄마에게 시달리는 동안 자아가치가 추락했고 자존감은 말 그대로 바닥이었다. 그를 상담하던 교수가 은석이에게 미팅 해본적이 있느냐고 묻자 여자들이 자기를 쓰레기로 보는 것 같다면서 자신은 창녀에게나 어울린다고 대답했다고 한다. 실제로 그는 창녀촌에 찾아가 여자에게 한 번만 안아달라고 청했으나 이마저도 거절당했다고 고백했다. 그가 여자에게 원했던 것은 단 한 번만이라도 따뜻한 엄마의 품처럼 안겨보고 싶은 것은 아니었을까?

그는 대학 시절 내내 그리고 살인을 저지르기 전까지도 집 안에 틀어박혀 비디오와 게임에만 몰두했다. 부모와의 대화는 물론 식사도 함께하지 않았다. 사건 직후 그는 경찰서 진술에서 "어쩔 수 없는 선택이었다. 미안하다고 말하기가 그렇게 어려웠나요?"라며 울먹였다고 한다.

범죄 전문가들은 이은석 사건을 지속적인 가정 폭력과 무관심이 살인으로 이어진 경우이므로 패륜의 범주에 넣어서는 안 된다고 주장한다. 은석이의 경우 그야말로 자신이 살기 위해 어쩔 수 없이 저질렀던 삶을 향한 몸부림이었기 때문이다 .

똑똑하던 은석이가 자신의 삶을 포기하면서까지 얻으려 했던 것은 무엇이었을까? 엄마가 품었던 야망의 노예가 되어 살아갈 수밖에 없던 자신의 삶에서 주인으로 했던 마지막 행동이 아니었을까?

더 이상 아이에게 죄를 저지르게 해서는 안 된다. 아이가 태어나기 전 그리고 태어났을 때의 순간을 떠올려보자. 단지 건강하고 바른 인성으로 살아가기만을 바랐다. 그런데 어떻게 이 지경까지 되었을까?

지금까지 독친에 의해 삶의 에너지가 방전되는 아이들의 유형을 살펴보았다. 나타나는 양상은 달랐지만 이 아이들에게 나타나는 공통점은 주도성이 상실되었다는 것이다. 주도성은 삶의 주인으로 스스로 생각하고 느끼며 판단하여 선택하고 선택한 것을 책임지며 실패하더라도 다시 일어서는 것을 의미한다. 아이가 자기 삶의 주인으로 스스로 삶을 설계하고 능력을 펼칠 수 있도록 도와주는 것이 부모의 역할임을 다시 한번 새겨본다.

2장

상처받는 엄마

독친으로 살아가고 있는 엄마도 아프다. 과거의 아픈 기억으로 독친이 될 수밖에 없었기 때문이다. 서로 노예로 만드는 삶 속에서 엄마와 아이는 서로를 옭아매고 각자의 삶을 살지 못하기 때문에 아이도 엄마도 아픈 것이다.

엄마도 아이도 모두 우울하다

아이는 자기 삶의 주인으로 살고 싶은 욕구와 권리를 가지고 있다. 내면의 자아는 아이에게 너 자신의 삶을 살라고 말을 건넨다. 그러나 현실 속의 '나'는 주도성을 내놓은 채 살고 있다. 우울이란 이 두 가지 자아가 일치하지 않을 때 나타나는 병이다.

청소년뿐 아니라 아동들의 우울 증상도 최근 늘어나고 있다. 우울은 자살에 이르는 병이고 우리나라는 세계 1위의 청소년 자살 국가이다. 나는 이처럼 자살이 늘어나는 이유를 '주도성의 상실'로 보고 있다. 앞에서 살펴본 위기에 선 아이들에게 공통으로 나타나는 특징이 주도성 상실이다.

아이는 하나의 삶을 선물로 받아 잘 쓰다가 오라는 부름을 받고 이 세상에 태어났다. 아이도 내 의지로 삶을 살고자 하지만 현실의 벽에 부딪혀 때로는 스스로 목숨을 내려놓고 참 좋은 '인생놀이터'를 떠나고 있다. 누가 이 아이의 등을 떠밀고 있는가? 신나는 인생놀이터에서 한바탕 신명 나게 놀아보지도 못하고 왜 그리 서둘러 떠나고 있는가?

아이만 인생이란 놀이터를 떠나는 것이 아니다. 다음은 신문기사에서 본 이야기이다.

강원도 홍천에서 영재로 통하던 김주성(16세, 가명), 주형(13세) 형제는 어머니 최모 씨와 함께 2008년 '대전족'(대치동 전세족)이 되었다. 사업을 하는 아버지는 홍천에, 다른 가족은 대치동에 사는 이른바 '참새가족' 생활이었다. 최 씨는 "난 다른 대치동 엄마들처럼 애들한테 잔소리하며 들볶지 않겠다"고 자신을 다독였다. 하지만 자정이 넘은 시각까지도 불야성을 이룬 학원가를 볼 때마다 초조한 마음에 애들을 잡았다. 주성이는 "엄마 때문에 과민성대장증후군에 걸렸다"며 "엄마가 나한테는 스토커"라고 말했다. 직접적인 잔소리도 싫었지만 끊임없이 불안하게 쳐다보는 엄마의 시선 때문에 엄청난 스트레스를 받았다는 것이다.

홍천 영재는 서울로 온 후 외모 꾸미기에만 관심을 쏟았다. 공부는 뒷전이었다. 주형이는 처음엔 엄마의 기대를 채워주었다. 문제는 성적이 제대로 나오지 않으면서 불거졌다. 두 아들의 성적이 신통치 않은 데다 이런저런 문제까지 안고 있다 보니 다른 대치동 엄마들은 최

씨를 노골적으로 멀리했다. 2011년 결국 최 씨는 우울증과 뇌경색으로 세상을 떠났고 아이들은 홍천으로 다시 돌아갔다.

앞에서 살펴본 것처럼 부모의 통제하에 자녀만 노예로 사는 것이 아니다. 자녀를 삶의 주인으로 살지 못하도록 통제하는 부모의 입장도 자녀의 노예나 마찬가지이기 때문이다. 그래서 자녀가 주도적으로 자신의 삶을 살지 못할 때 우울한 것처럼 자녀를 통제하고 관리하는 엄마도 자신의 삶을 주도적으로 살지 못하기 때문에 우울하다. '자녀중독'인 셈이다.

서로 노예로 만드는 세상 속에서 엄마와 아이가 서로를 옭아매고 스스로 자발적 노예로 사는 삶을 선택하고 있다는 데 문제가 있다. 지금이라도 서로를 속박하는 끈을 놓고 단 한 번뿐인 인생에 각자 삶의 주인으로서 어떻게 살아갈 것인지 고민해봐야 한다.

명령하는 엄마

"엄마가 하루 종일 나에게 하는 말은 '이거 해라, 저거 해라, 그건 안 된다'였어요. 나는 우리 엄마가 친구의 엄마처럼 좀 더 따뜻하게 대해주었으면 하고 바랐던 것 같아요. 엄마가 나에게 하는 명령을 듣는 순간 심장이 멎는 것 같았고 머릿속이 휑해지는 느낌이었어요. 그 다음은 아무 생각도 안 나요."

모든 교육은 아무리 강한 책임감 속에서 이루어진다고 해도 결국은 권력행사이다. 단, 아이가 그것을 수긍하느냐 안 하느냐의 문제가 아닐까? 명령을 주로 하는 엄마는 중요한 문제뿐 아니라 아주 사소한 문제에까지 개입한다. 이 경우 아이가 어릴수록 순응할 수밖에 없다.

문제는 이런 아이가 시간이 지날수록 자신의 의사를 잃고 생각 없는 아이로 자라게 된다는 것이다.

명령을 하는 엄마의 마음 밑바닥에는 "너는 내가 명령을 하지 않으면 도저히 하지 않을 아이야. 그러니 내가 명령하는 대로 따르기만 하면 돼. 너는 생각할 필요도 없어. 네 생각은 언제나 틀리니까. 그러니 내가 생각하는 대로, 내가 시키는 대로 하면 돼."라는 의도가 깔려 있다. 자녀에 대한 불신과 불안으로 가득 찬 엄마인 것이다.

명령하는 엄마의 불신과 불안은 아이의 주도성을 앗아간다. 자신의 생각이 있어야 스스로 판단하여 선택하고 선택에 대한 책임을 질텐데 생각을 놓아버린 아이는 판단도 선택도 엄마 몫이 되어 책임을 회피하고 엄마 탓을 하는 분노에 찬 아이로 자란다.

명령을 주로 하는 엄마의 심리는 아이에게 무언가를 빨리하도록 하려는 것이다. 엄마가 원하는 대로 아이의 행동을 가장 시간을 덜 들이고 바꾸기 위해 명령하는 것이다. 그리고 이보다 더 빠른 행동 수정을 원할 때는 경고와 위협도 서슴지 않다가 결국에는 체벌을 가한다. 아이를 사랑하기 때문이라는 이유로 반복되는 명령과 체벌로 아이는 엄마가 자신을 사랑하지 않는다고 느끼고 엄마에게 사랑받지 못하는 아이는 자존감이 떨어진다.

명령하는 엄마의 가장 큰 특징은 아이의 사생활을 침해한다는 것이다. 아이가 가진 시간, 아이가 가져야 하는 심리적인 공간을 전혀 인정하지 않는 것이다. 이러다 보니 아이가 가장 사적으로 여기는 일기장마저 보는 우를 범한다. 최근에는 아이의 SNS를 들여다보며 간

섭과 개입을 하는 바람에 자녀와의 갈등이 더욱 커지고 있다.

조건적인 사랑이 아닌 진정한 사랑

명령하는 엄마를 둔 아이는 스스로의 세계를 보호하기 위해 보여주기 위한 일기를 거짓으로 쓴다. 그리고 시간이 흐를수록 자신을 가장하는 행위가 제2의 천성이 되는 결과를 가져온다. 아이들은 점점 자신의 정체성을 잃어버리고 자신이 정말로 무엇을 좋아하는지, 무엇을 잘할 수 있는지 몰라 자신의 진로를 결정하는 첫 단계인 자기이해마저 못하게 된다. 자기이해가 안 되면 자신이 원하는 것이 무엇인지 몰라 꿈을 가질 수 없고 꿈이 없으니 진로 설계나 공부마저 의미가 없어져 부모를 답답하게 만든다.

사실 명령하는 엄마는 아이를 진정으로 사랑하는 것이 아니라 조건적인 사랑을 하는 것이다. 엄마의 조건적인 사랑에는 "내가 시키는 대로 하지 않으면 너를 사랑하지 않을 거야."라는 의도가 깔려있다. 이런 사랑을 받는 아이는 엄마에게서 사랑받았다는 느낌도 없으며 언제 자신을 향한 엄마의 사랑이 거둬질지 모른다는 불안감에 싸여 공부에 에너지를 쓸 수 없다. 그리고 그런 아이의 모습이 엄마 눈에는 생각이 다른 데 가 있거나 멍한 상태로 비쳐진다.

아이를 진정으로 사랑한다는 것은 엄마가 가진 '시간을 주는 것'이다. 따라서 공부하는 아이로 만들기 위해서는 "공부해."라고 명령하기보다는 왜 공부를 해야 하는지, 공부가 너의 인생에 어떤 도움을 주는지, 공부를 하면 어떤 사람이 될 수 있는지 등 공부의 의미와 결과에 대해 설명해주어야 한다.

착한 아이로 키우는 엄마

"엄마는 언제나 나에게 착해야 한다고 강조했어요. 하지만 나도 사람인데 욕구가 있잖아요. 내가 하고 싶은 것이 있어도 엄마는 남들의 시선이 가장 중요했던 것 같아요. 내 욕구는 늘 안중에도 없었죠. 언젠가 내 생각을 말했더니 엄마는 '애, 누가 들을까 겁난다'고 하더라고요. 엄마는 언제나 내 생각, 내 감정, 내 욕구보다는 다른 사람의 눈에 내가 어떻게 보일까만 전전긍긍해요."

부모는 내 입에 혀 같은 아이를 좋아한다. 이런 아이를 키우고 있는 부모는 대개 똑같은 말을 한다.

"얘는 큰소리 한 번 내지 않고 키웠어요. 정말 착한 아이였지요.

효자예요."

나는 이 말이 얼마나 끔찍한 말인지 안다. 이런 아이는 한 사람으로 가질 수 있는 아니 가져야만 하는 자신만의 생각, 욕구, 감정이 모두 훼손된 아이이다. 어떻게 생명을 가지고 있는 사람이 자신의 생각을 표현하지 못하고 자신의 욕구를 내보이지 못하고 자신의 감정을 분출하지 않았을까 생각하면 마음이 아프다.

반면에 자신의 목소리를 내고 자랐던 아이의 부모는 또 한목소리로 말한다.

"저 아이는 키우기가 정말 힘들었어요. 부모만 아니었다면 갖다버렸을 거예요. 꼭 저 같은 아이를 낳아서 키워봐야 해요."

사실은 이런 아이가 생명력있는 아이이다. 자기 삶의 주인으로 살고자 하는 아이이다. 나는 이런 아이가 멋지게 살거라고 확신한다. 단, 부모가 더 큰 목소리로 아이의 목소리를 죽이지만 않는다면 말이다.

아이는 자신의 생존을 위해 부모가 원하는 모습으로 살아가기도 한다. '가짜 나'를 만드는 것이다. 부모가 원하는 입에 혀 같은 아이로 말이다. 그러나 이런 아이의 마음속에는 분노와 원망이 자라고 있을 가능성이 크다. 있는 그대로 받아들여 주지 않는 부모 때문에 자신의 본모습을 가장하고 살아가야 하는 데 대한 분노 말이다.

착한 아이로 키우는 엄마는 자신이 아이를 잘 키운다고 착각하며 아이의 주도성이 죽어가고 있다는 것을 모른다. 그리고 타인의 시선에 노예가 되어 자녀에게 착한 아이가 되라고만 강요한다. 이런 엄마의 자녀는 착한 아이가 되지 않으면 엄마의 사랑이 거둬지리라는 것을 본능적으로 알고 있기 때문에 언제나 착한 아이로 남아있으려고 한다. 이런 의미에서 착한 아이도 조건적인 사랑을 받는 아이라고 할 수 있다.

착한 아이는 자신의 생각보다는 엄마의 생각을 먼저 헤아리고 엄마를 실망시키면 안 된다는 무거운 책임감을 안고 살아간다. 그리고 만약 엄마의 요구에 맞춰주지 못할 때 죄책감에 시달린다. 결국 타인의 시선을 의식하는 엄마와 똑같이 남의 시선에서 자유롭지 못하고 그들이 만든 감옥 속 노예처럼 평생을 착한 아이로 살게 되는 것이다.

자녀를 빌미로 자신의 욕망을 이루려 해서는 안 된다

착한 아이로 키우는 엄마는 어떻게 보면 희생적이고 교육에 헌신하는 엄마로 비쳐진다. 모든 부모는 자녀를 위해 희생한다. 희생에는 기쁨과 보람이 뒤따른다. 하지만 자녀를 위해 희생한 부모가 어느 순간 상실감과 분노를 느낀다면 그것은 자녀를 위한 진정한 희생이 아니라 자녀를 빌미 삼아 자신의 욕망을 이루려 했던 것으로 볼 수 있다.

에리히 프롬Erich Fromm♦은 이런 어머니는 이기적인 어머니와 유사한 영향을 아이에게 주며 심지어는 더 나쁜 영향을 줄 수 있다고 말

♦ 사회심리학적 시각으로 현대인들의 소외 양상을 유형별로 고찰하고 근대적 세계 속에서 인간이 참다운 자기를 실현하여 가는 길을 찾은 심리학자. 저서로 《소유냐 존재냐》, 《사랑의 기술》 등이 있다.

한다. 왜냐하면 착한 아이는 어머니를 도덕적이라고 생각하여 비판하지 못하기 때문이다. 이 아이는 어머니를 실망시키지 말아야 한다는 책임감을 느끼고 미덕의 가면 속에서 삶에 대한 혐오감을 배운다. 또한 착한 아이는 엄마를 비판할 수 없기 때문에 판단력을 점점 잃어간다. 아이는 사춘기가 되면 부모를 판단하며 정체성을 갖는데 비판할 수 없도록 만드는 엄마 때문에 판단력에 문제가 생기는 것이다.

착한 아이는 시간이 흐를수록 자신의 생각과 욕구와 감정이 있음을 잊어버리고 자신의 삶을 주도적으로 꾸려나가지 못한다. 게다가 만약 자신을 착한 아이로 키웠던 엄마의 본모습을 보게 되고 자신이 끊임없이 조정 당해왔다는 것을 아는 순간 말할 수 없는 분노가 솟구친다. 더없이 착한 아이가 부모를 살해하는 경우가 이런 경우이다. 자신의 주도성을 찾기 위한 아이의 마지막 몸부림인 것이다.

사람은 누구나 착한 심성과 악한 심성을 모두 가지고 있다. 그러나 이 기준도 사회의 통념이나 타인에 의해 합의된 기준이다. 사람은 살아가면서 오만가지 생각을 할 수 있으며 때로는 감정이 치밀어올라 화를 내기도 한다. 단 그것이 사회에 해를 가져오는 행동이 아니라면 아이의 감정이나 생각에 공감해주어야 한다.

공감은 동감이 아니다. 동감은 아이와 똑같이 생각하고 아이의 감정 상태와 하나가 되는 것을 말한다. 그러나 공감은 그러한 감정과 생각을 갖게 된 아이의 상황을 이해해주는 마음이다. 동감을 하면 아이의 감정이 누그러들지 않지만 공감해주면 아이는 이내 감정을 추스르고 자신의 생각을 바른 방향으로 가져간다.

착한 아이로 키우는 엄마는 아이에게 공감해주지 않는 엄마이다. 본인도 자유롭지 못했던 타인의 시선이라는 잣대를 아이에게 들이대고 자신의 기준을 강요하는 엄마이다.

아이는 있는 그대로 인정받고 사랑받아야 하는 존재이다. 착한 아이로 크는 아이들은 이러한 무조건적인 사랑을 받아보지 못했기에 남들 눈에는 착해 보여도 마음이 언제나 허전하고 남들의 칭찬도 공허한 메아리로 들린다.

착한 아이가 성장하면서 착한 아이답지 않은 행동을 하는 경우는 마음의 균형을 잃은 결과이며 자신을 찾아가는 과정이자 주도성이 회복되고 있는 증거로 보아야 한다. 따라서 엄마는 착한 아이보다는 생각이 있는 아이로 키우고 그 아이의 생각을 올바른 방향으로 이끄는 교육을 하는 것이 더 현명한 방법이다.

과잉보호하는 엄마

"엄마는 어렸을 때부터 내가 원하기도 전에 모든 걸 알아서 해주었어요. 어렸을 때는 참 편하다고 느꼈는데 이제 와서 보니 나 혼자 할 수 있는 것이 아무것도 없어요. 내가 무능하다는 느낌을 지울 수가 없습니다."

우리나라 부모들은 공부하라는 명목으로 아이가 요청하기도 전에 필요한 모든 것을 알아서 해준다. 주도성은 무언가 결핍이 있을 때 욕구를 채우기 위해 생각하고 문제해결을 위해 행동을 하는 데서 키워진다. 그런데 모든 걸 다 알아서 해주니 아이는 자신의 욕구를 발견할 기회가 없어진다. 게다가 주도성이 자랄 수 있는 토양은 만들어주지 않은 채 주도성이 부족하다고 돈을 들여 자기주도 캠프에 보낸다. '따로국밥 교육'이다.

최근 자녀의 대학교 전공 선정이나 직업 선정에 깊이 관여하고, 대학교수에게 학점을 문의하고, 직장상사에게 전화를 걸어 자녀의 업무에 대해 논의하고, 유엔에 자녀를 인턴사원으로 보내는 서류에 대해 전화상담을 하는 등 과잉보호하는 부모들이 눈살을 찌푸리게 한다.

과잉보호하는 엄마는 모든 것을 다 알아서 해주는 엄마이다. 원래 주도성이란 결핍과 욕구가 있을 때 스스로의 추동력으로 행해지는 것인데 엄마가 모든 것을 다 해주면 아이는 자신에게 무엇이 결핍되었는지를 못 느끼고 자신의 욕구가 무엇인지 알 기회조차 사라진다. 이런 엄마는 아이가 항상 엄마를 필요로 한다는 데서 자신의 존재감을 느낀다. 과잉보호하는 엄마의 아이는 독립적이지 못하고 엄마에게 의존하는 아이로 커가며 주도성을 발휘할 기회조차 박탈당한다는 것이 문제이다.

절제하기

사실 주도성은 문제해결력이다. 주도성은 아이가 성장하면서 가정 내에서 자신에게 맡겨진 과업을 인식하고 그 문제를 해결하면서 키워진다. 이 과정 속에서 수많은 시행착오와 실패를 경험하며 주도적인 삶의 방식을 터득하는 것이다.

들꽃마을을 운영하는 최영배 신부님은 강의에서 이런 말씀을 하셨다.

"지구는 물이 7이고 나머지가 3입니다. 사람의 몸도 물이 7이고 나머지로 구성되어있습니다. 이런 우주의 이치가 자녀의 양육에도 그대로 적용되어야 합니다. 부모는 사랑을 7만 주어야 합니다. 사랑을 7 이상 주면 자녀가 독립적이지 못하고 주도성을 갖지 못하며 의존적인 아이로 자라게 됩니다. 사랑이란 미명하에 아이의 인생을 파괴하는 것입니다. 너무 많은 사랑이 아이에게 주어지면 온실효과로 지구가 더워지는 것처럼 아이가 죽어갑니다. 무기력하고 주도성이 없는 아이가 되는 것입니다. 반대로 자녀에게 사랑을 7이하로 주는 엄마도 있는데 이런 아이는 추워서 얼어 죽게 됩니다."
"자연의 법칙은 생명의 법칙입니다. 아이를 살아있는 아이로 만들려면 엄마가 주고 싶은 사랑의 7만 주어야 합니다. 그것이 사랑의 이치입니다."

프랑스 엄마들의 가장 큰 고민은 돈이 있는데 아이에게 조금만 줄 때라고 한다. 이처럼 아이에 대한 사랑을 절제하는 것은 쉬운 일이 아니다. 그러나 아이를 생명력 있는 주도적인 아이로 키우려면 참아야 한다. 누구나 내 아이는 너무 사랑스럽다. 하지만 현명한 엄마는 모든 것을 주기보다는 아이의 미래를 위해 적게 주며 참아낸다.

아이 인생에 그림을 그리는 엄마

"엄마는 나를 의사로 만들고 싶어 했습니다. 나는 중학교 때 이미 내가 의사가 될 수 없다는 것을 알았지만 수능시험을 칠 때까지 엄마는 의사에 대한 미련을 놓지 않았지요."

"나는 농구를 할 때 가장 행복했습니다. 엄마도 그런 내 모습을 보며 눈치챘던 것 같습니다. 곧 표정을 바꾸어 '넌 훌륭한 의사가 될 거야. 엄마는 믿는다'라고 말했죠. 나는 그 말을 들을 때마다 엄마가 잔인하다고 느꼈습니다. '엄마는 내가 무엇을 좋아하고 잘하는지 알고나 있을까?', '내가 의사가 되지 못했을 때 과연 엄마는 나를 사랑할까?'라는 의문이 항상 나를 괴롭혔죠."

이 유형의 엄마는 아이에 대해 미리 준비된 구체적인 상을 가지고 있어서 자기 힘으로 아이를 만들어가는 엄마이다. 아이의 본성이나 내적인 행복, 만족은 이 엄마에게 그다지 중요하지 않다. 이 엄마에게 아이는 자신의 삶에 영광을 주기 위해 태어난 존재이고 남에게 보이기 위한 존재이기 때문이다. 그래서 이 엄마는 자신의 그림을 완성시키는 데만 관심을 갖고 집중하며 모든 수단을 동원한다.

이 엄마는 에너지로 충만하고 아이에게 모든 것을 선사한다. 하지만 한편으로는 너무 강한 햇빛으로 아이를 시들어버리게 하는 태양과 같은 존재여서 과잉보호하는 엄마처럼 아이를 사랑하지만 결국 아이의 생명력을 앗아가는 이중적 모습을 보인다.

강요와 억압을 주요 수단으로 삼는 명령형 엄마와 달리 이 엄마는 여러 가지 수단을 동원한다. 즉 확고한 비전을 제시하고 이를 이루기 위한 경제적 지원, 미래상 펼쳐 보이기, 혐오스러운 본보기와 대질시키기, 감정의 분출과 철저한 엄격함을 반복하며 아이를 통제한다.

부모는 자기가 준 만큼 아이에게 자신의 욕망을 강요한다. 아이가 어릴 때는 이것이 통하지만 사춘기가 되면 반발한다. 생명은 자유의 속성을 갖고 있어서 자유를 구속하고 억압하면 자기보존의 법칙에 의해 자신을 유지하려 하기 때문이다. 사춘기 아이들이 반항적이고 공격적이 되는 것은 자유를 쟁취하고 홀로서기 위한 생명의 외침이며 성숙을 위한 필수 과정이다.

이 엄마의 자녀는 자기 본성에 맞는 행동을 하기보다는 자신에게 주어진 역할에 충실해야 한다는 것을 알고 있다. 자신이 원하는 대로 키우기 위해 모든 수단을 동원하는 엄마에게 맞서 아이가 할 수 있는 것은 내면으로 후퇴해서 엄마와의 소통을 의식적으로 단절하는 것이다.

아이 인생에 그림을 그리는 엄마의 자녀는 엄마의 설계도에 따라 위장된 행복으로 살아가기 때문에 자아를 잃어버리며 자기소외를 겪는다. 그리고 나이가 든 뒤에는 자신의 인생을 쥐고 있던 엄마에게 탈출하기 위해 원치 않는 이른 결혼이나 가출 같은 불안한 탈출을 시도하기도 한다. 그런가 하면 엄마의 인생설계도가 마치 자신의 것인 양 착각하고 엄마에게 고마움을 표하며 타인의 삶을 살아가기도 한다. 그러나 이런 아이는 인생 후반으로 갈수록 뭔가 모르는 불일치에 괴로워한다.

자녀를 독립된 개인으로 인정하라

아이 인생에 그림을 그리는 엄마는 대체로 열정이 많지만 자신의 인생에서 열정을 펼칠 수 없었던 사람이므로 본인 스스로도 행복을 느끼지 못한다. 사람은 누구나 자신에게 부여된 인생으로 살아갈 때 가장 행복을 느끼는 법인데 이 엄마는 아이에게 자신의 인생을 투사함으로써 만족을 느끼기 때문에 행복감을 갖지 못하고 아이의 성공을 자신의 성공으로 착각하고 산다. 따라서 이 엄마 역시 인생 후반으로 갈수록 허무감을 느끼고 뭔지 모르는 공허감을 갖게 되며 노년이 되어서도 지나친 요구를 하여 자녀를 힘들게 한다.

이런 엄마는 스스로 진로를 개발하여 자신의 삶에 열정을 쏟아야 한다. 자신의 인생을 성공시킬 충분한 역량을 가졌으므로 성공할 가능성도 크다. 무엇보다 아이의 삶은 아이의 것이며 아이를 독립된 개인으로 여기는 것이 중요하다. 오히려 아이를 놓아주고 각자의 삶에 몰두할 때 아이와 엄마 모두 만족한 삶을 살 가능성이 많다.

이 엄마의 아이가 가장 괴로워하는 순간은 자신이 원치 않는 진로를 강요당할 때이며 엄마가 원하는 직업이 자신의 한계에 부딪혀 일치하지 않을 때이다. 이 엄마의 아이 역시 주도성이 파괴되었기 때문에 자신의 한계를 인식하지 못하고 살며 헛된 꿈을 버리지 못한다.

엄마가 동원하는 수단 중 아이 능력의 한계를 무시하고 너는 할 수 있다는 긍정적 태도를 보일 때 아이는 근거 없는 낙관주의에 빠져 현실에 발을 딛고 살 가능성이 적어진다. 이러한 문제는 부모 품에 있을 때는 부모와 합의된 상태여서 큰 문제가 발생하지 않지만 결혼해서 가정을 이루고 살아갈 때 현실과 부딪친다. 즉 부모와 아이가 가지고 있던 문제들이 한참 후에 드러나는 것이다. 성인이 된 아이는 이미 현실감을 잃었으므로 자신 앞에 닥친 문제를 해결할 수 없다.

부모는 아이가 독립적으로 살아갈 미래를 염두에 두고 양육해야 하며 부모의 힘이 미치지 않는 순간을 대비하여 아이에게 살아갈 수 있는 능력을 키워주어야 한다.

교육이 우선인 엄마

"엄마를 죽이고 싶을 정도로 미워했습니다. 엄마는 언제나 공부, 공부라는 말만 했지요. 단 한 번도 내가 어떤 생각을 하는지, 어떤 고민으로 괴로워하는지 알려고 하지 않았어요. 엄마는 나보다 더 공부를 사랑하는 것 같았죠. 나도 친구들처럼 엄마를 진심으로 사랑하고 싶었습니다. 하지만 나보다 내 성적을 더 사랑하는 엄마를 볼 때마다 그 꿈은 좌절되고 말았죠. 엄마가 왜 그렇게 성적에 집착하는지 그 이유를 이제는 정말 알고 싶습니다."

이 유형의 엄마는 아이를 건강하게 양육하고 좋은 옷을 입혀 학교에 보내고 아픈 데를 보살펴주고 명문 학교에 다니게 해주는 등 다른

부분에서는 훌륭한 부모 역할을 하기 때문에 다른 엄마들에게 귀감으로 비쳐질 수도 있다. 그래서 이 유형의 엄마 밑에서 자란 아이가 느끼는 고통에 대해 전혀 모른다.

이 엄마는 교육을 위해 아이에 대한 사랑을 절제하기 때문에 아이는 자신이 할 수 있는 최선의 노력을 다해도 엄마의 사랑을 얻지 못한다. 끊임없이 바위를 굴려야 하는 시지프스의 슬픈 운명을 닮았다. 이러한 엄마에게 나타나는 특징은 스킨십의 부재, 감정의 억제, 인색한 칭찬, 무관심, 성적에 따른 눈에 띄는 편애 등이다.

몸은 '리틀 브레인'이라고 할 만큼 뇌와 관련이 깊다. 스킨십을 많이 받고 자란 아이는 머리가 좋아질 가능성이 많다. 그러나 이 엄마는 자신의 감정을 억누르고 스킨십을 자제하면서 공부를 강요하기 때문에 아이가 안정된 정서로 공부에 전념하여 성과를 낼 가능성이 더 적어진다. 또한 이 엄마는 성적을 중요시하기 때문에 형제자매 간에 비교를 해서 형제자매끼리 사이좋을 가능성도 적다. 심지어 형제자매 간의 경쟁을 부추기면서 자신의 목적을 이루려고 하는 경우도 많다.

이 엄마는 모든 신경이 성적에 가 있으므로 아이의 감정 상태를 파악할 수 있는 시간적, 심적 여유가 없다. 그러다 보니 아이는 언제나 혼자라고 느끼며 외로운 날을 보낸다. 그리고 엄마가 원하는 성적을 받아도 마음이 편치 못하며 성적이 잘 나오지 못할 때는 죄책감마저 갖는다. 이 엄마의 아이는 다른 엄마의 아이에 비해 자살을 할 확률도 높다. 나중에 후회해봐야 때는 이미 늦은 것이다.

엄마의 진정한 사랑이야말로 아이의 자아가치를 높인다

이 엄마의 아이는 엄마와 마찬가지로 타인을 인격이나 성품이 아니라 성적으로 평가한다. 그래서 진정한 친구를 갖지 못하거나 공부로 인정을 받으려고 처절한 노력을 하며 사회인이 되어서도 일중독에 빠질 가능성이 크다. 삶의 매 순간 행복이 어떤 것인지도 모르고 인생을 분주하게만 살아가는 사람들이 이 엄마의 아이일 가능성이 크다.

따라서 이 엄마는 삶의 중요한 가치를 다시 생각해보아야 하고 스스로의 인생관과 가치관을 재확립해야 한다. 그리고 아이의 성적에 관심을 갖기보다는 엄마 자신의 의식 성장을 목표로 나아갈 때 아이의 성적도 따라오며 존경도 받을 수 있음을 알아야 한다.

이 엄마의 아이는 엄마에게서 받을 수 있는 무조건적인 사랑을 받지 못했기 때문에 사람을 사귀어도 조건적인 사랑을 한다. 즉 상대방과 주고받을 것이 있을 때만 사랑에 빠지는데 이것은 진정한 사랑이라고 할 수 없다. 사람은 누구나 진정한 사랑을 받을 때 자신의 상황과는 별개로 자아가치가 높아진다. 하지만 이 아이는 진정한 사랑을 받지 못했으므로 성적이 높더라도 자존감이 낮아서 학교를 졸업한 후 사회에 나아가 주도성을 갖고 살아갈 힘이 없다.

이 유형의 엄마는 과연 내 아이가 미래를 살아갈 때 무엇이 가장 중요한지 생각해보아야 한다. 아이는 성적에 상관없이 존재 자체만으로도 소중하고 귀하게 대해야 하며 엄마의 바람과는 별개로 자신이 원하는 삶을 펼쳐나가야 하는 독립된 존재이기 때문이다.

자존감이 낮은 엄마

"엄마는 나에게 엄마가 공부를 못해 살면서 불이익을 받았다며 너라도 공부를 잘해서 엄마의 한을 풀어달라고 말하곤 했어요. 하지만 내가 엄마의 한풀이 대상은 아니잖아요. 엄마의 소유물도 아니고요. 내가 공부를 잘해야 엄마가 다른 사람에게 당당해지는 건가요?"

태어나서 5년간 겪은 부정적인 경험을 극복하려면 50년이라는 세월이 필요하다고 한다. 충분한 사랑을 받지 못하고 자란 아이는 자아실현을 하기보다는 사랑을 찾아다니는 데 더 많은 시간과 에너지를 소모한다. 그러므로 부모가 아이를 위해 해줄 수 있는 최선은 아이가 자아실현에 자신의 에너지를 쏟을 수 있도록 충분히 사랑을 주는 정서적 지원이다.

수많은 아이가 사랑이 부족하다고 느끼면서 성장하는 이유는 무엇일까? 왜 부모는 아이를 사랑한다고 하면서도 아이가 건강하게 성장하는 데 필요한 사랑을 베풀지 못하는 것일까?

부모가 충분한 사랑을 주지 못하는 이유는 부모가 자기 자신을 사랑하지 않기 때문이다. 자존감이 낮은 부모는 자기 자신을 사랑하는 것보다 더 큰 사랑을 아이에게 주기 어렵다.

자존감이란 자신을 존귀하게 여기는 태도로 자아가치와 유능감으로 형성된다. 자아가치는 부모에게 무조건적인 사랑을 받았을 때 높아지며 자아가치가 손상되었을 때는 방어기제들을 사용하여 자아가치를 유지하려 한다. 자존감을 갖기 위한 또 하나의 조건은 유능감인데 유능감이란 어떤 분야에서 잘할 수 있다고 느낄 때 얻을 수 있는 것이다. 따라서 자존감이 높기 위해서는 자아가치가 보존되고 유능감이 갖춰져야만 한다.

자존감이 낮은 부모는 아이를 통해 대리 만족하려는 경향이 있는데 이는 아이를 자신의 욕구와 기대를 충족시키기 위한 소유물로 생각하기 때문이다. 그러나 자존감이 높은 부모의 경우 아이는 독립된 개인이고, 부모는 이를 도와주는 조력자로 생각하기 때문에 자녀에 대한 과도한 기대나 욕구를 투영하지 않는다.

부모가 가진 자존감의 차이는 아이의 학업에 대한 태도에서 분명하게 나타난다. 우리 아이들이 다녔던 초등학교는 지역적 특성상 매우 두드러진 특징이 있었다. 학부모의 구성이 반은 시장 상인들, 반은 연구원이었다. 아이들이 학교에 다니는 동안 관찰해보니 특이한 점이 있었는데 시장 상인 부모들은 자녀의 사교육에 엄청나게 힘을 썼던 반면 연구원 부모들은 그렇지 않았다는 것이다.

나는 이 두 그룹에 속하지 않았기 때문에 이들을 객관적으로 관찰할 수 있었다. 어느 날 사교육을 전혀 시키지 않는 연구원 부인이었던 학부모에게 물어보았다.

"다른 엄마들은 사교육을 시키는데 왜 사교육을 전혀 시키지 않으세요?"

"아이들은 놀아야죠. 그리고 언젠가는 할 거예요."

나는 이 엄마의 자신감 있는 대답을 듣고 한동안 그 의미를 파악하느라 고민했던 시기가 있었다. 언젠가 할 거라는 그 자신감의 근원이 궁금했던 것이다. 그러나 지금 생각해보면 그 엄마의 자신감은 자기 자신에 대한 신뢰였다는 생각이 든다.

아마도 그 엄마나 아빠는 공부를 잘했을 것이다. 그러다 보니 본인에 대한 신뢰만큼이나 아이에 대해서도 신뢰를 가졌을 것이다. 그러니 노는 아이를 너그럽게 보아줄 수 있었을 테고 사교육을 시키지 않으면서도 아이에 대한 믿음을 가졌던 것으로 보인다.

반대로 생각해보면 지금 우리나라에서 사교육에 열을 올리는 대부분의 부모는 자신에 대한 신뢰나 자아가치, 유능감이 낮기 때문에 자녀를 신뢰할 수 없고 자기 자신에 대한 불안을 해소하기 위해서 자녀의 교육에 몰두하는 것이 아닌가 생각해본다.

자녀를 자존감이 높은 아이로 키우기 위해서는 먼저 부모 스스로 자신을 수용하고 사랑하는 마음을 가져야 하며, 자신에 대한 신뢰를 바탕으로 어느 한 분야에서라도 유능감을 경험해보는 것이 중요하다. 부모가 자존감이 높을 때 아이도 그런 엄마를 보고 자라면서 자존감이 높아질 것이기 때문이다.

◀ 독친과 득친의 특징 ▶

°°° 독친의 특징

◆ 자녀의 감정, 생각, 욕구보다 자신의 감정, 생각, 욕구를 더 중요
시하므로 엄마 위주의 세상을 만든다.

◆ 자녀를 사랑하는 것은 시간을 주는 것인데 명령, 강압, 체벌, 비
교 등 가급적이면 시간이 적게 드는 양육 방법을 선택한다.

◆ 조건적인 사랑을 주므로 아이가 사랑받는다는 느낌이 적어 삶
의 에너지를 갖지 못한다.

◆ 사심에 의한 교육을 하며 아이와의 관계가 소원해진다.

◆ 자녀를 엄마가 만들어낼 수 있는 소유물로 생각한다.

◆ 자존감이 낮아 자녀를 대리 만족의 대상으로 전락시킨다.

◆ 그 결과 자녀의 자존감도 낮아지고 주도적인 아이로 성장하지
못하게 만든다.

◆ 공심에 의한 교육을 하고 무조건적인 사랑을 주며 자녀에게 많은 시간을 내어준다.

◆ 입으로 교육하지 않고 삶으로 보여주며 아이가 자기 삶의 주인임을 인정해준다.

◆ 아이의 생각과 감정, 욕구를 인정해주고 아이의 판단에 용기를 준다.

◆ 선택의 기회를 주고 책임지려는 아이를 지지해준다.

◆ 실패를 통해 가르침을 주고 아이의 실패를 의미화하여 회복탄력성을 키워준다.

◆ 능력과 한계를 인정할 때 칭찬해주며 만족하는 삶에 함께 기뻐해 준다.

◆ 결과보다는 과정을 중요시한다.

◆ 가치관이 바르다. 긍정적이고 삶의 태도와 높은 의식수준으로 살며 아이를 믿어준다.

◆ 꿈을 갖게 해준다. 아이의 잠재 능력을 믿어주고 발휘할 수 있도록 교육하며 내적동기를 촉진한다.

◆ 부모 스스로 주도적인 삶을 산다.

2부

이렇게 하면
자녀와의 관계를
망친다

1장

자녀를 망치는
부모의 행동

부모가 주는 사랑과 교육의 수준에 따라 아이는 행복한 삶을 살 수도 있고 불행한 삶을 살 수도 있다. 아이가 어떤 삶을 살 것이냐는 온전히 부모의 사랑과 교육수준에 달려있는 것이다. 따라서 가족이란 왜 만났는지 그 만남을 통해 무엇을 얻어야 하는지 생각해봐야 한다. 아이와 엄마 모두 아픈 이유를 살펴보자.

사랑과 교육에도 수준이 있다

옥황상제가 아이들을 지상으로 내려보내기 위해 모두 불러 모았다.
"얘들아, 이제 너희들이 지상으로 내려가야 할 시간이 되었구나. 모
두 아래를 내려다보아라. 많은 종류의 부모가 있단다. 함께하고 싶은
부모를 선택하여 내려가거라."
지상의 부모들을 지켜보던 아이들은 모두 뒤걸음질 치며 내려가지
않겠다고 했다. 옥황상제는 할 수 없이 아이들을 선착순으로 내려
보냈다.

왜 아이들은 모두 내려가기를 거부했을까? 천상의 아이들은 자신
들이 본 부모의 자녀가 되는 순간 불행의 나락으로 떨어지리라는 것

을 이미 알았던 것일까? 어떤 엄마가 아이를 행복하게 할까?

엄마는 아이를 사랑하고 교육하는 존재이다. 이 세상의 모든 엄마는 아이를 사랑하고 교육을 시키고 있다. 그러나 기억해야 할 것이 있다. 그것은 엄마가 주는 사랑과 교육에 수준이 있다는 것이다.

엄마가 주는 사랑과 교육의 수준에 따라 아이는 행복하게 살 수도 있고 불행하게 살 수도 있다. 또 엄마에게 순종하기도 하고 저항하기도 한다. 아이는 엄마의 사랑과 교육의 수준에 따라 이승에서의 삶이 아름다웠다고 말할 수도 있고 다시는 오기 싫은 곳으로 기억할 수도 있다. 경우에 따라서는 스스로 삶을 떠나는 아이도 있다. 아이가 어떠한 삶을 살 것이냐는 온전히 엄마가 주는 사랑과 교육의 수준에 달려있다고 보면 된다.

엄마와 아이는 서로 사랑할 수밖에 없는 사이이다. 엄마의 몸에서 태어나고 엄마의 피로 키웠기 때문이다. 열 달 동안 엄마 뱃속에 머물러있다가 태어난 후 아이들은 오랫동안 엄마의 사랑과 교육을 받아야 한다. 그런데 왜 엄마의 사랑과 교육이 엄마가 바라는 대로 전달되지 않는 것일까? 아이는 왜 저항을 하는 것일까? 착했던 아이가 성인이 되어 분노하고 폭력적으로 변하는 것은 왜일까? 엄마가 수없이 많은 자녀교육서를 읽어도 변하지 않는 이유는 무엇일까?

이 모든 의문에 대한 답은 엄마가 주는 사랑과 교육에도 수준이 있다는 데 있다. 이는 엄마 자신의 의식수준에 달려있다. 먼저 엄마가 주는 사랑에 대해 살펴보자.

무조건적인 사랑과 조건적인 사랑

엄마가 아이에게 주는 사랑에는 두 가지가 있다. 하나는 조건이 없는 '무조건적인 사랑'이고 다른 하나는 '조건적인 사랑'이다. 무조건적인 사랑은 엄마가 아이를 낳아 처음 대했을 때 그 마음으로 하는 사랑이다.

이 세상의 모든 엄마는 아이와의 첫 대면을 잊을 수가 없다. 이 세상에서 나만 의지하고 태어난 아이를 보고 무한한 사랑과 책임을 느끼면서 엄마의 역할을 잘 해보리라, 어떠한 어려움이 있어도 아이 편에서 아이를 위해 존재하리라고 다짐했다. 그때 엄마는 자신과 아이 사이에 어떤 조건도 없이 '존재함' 그 자체만으로도 기쁘고 충만함을 느꼈다.

무조건적인 사랑은 두 가지 조건이 갖추어져야 한다. 하나는 아이가 원하는 사랑을 주어야 한다는 것이고 또 하나는 아이에게 엄마의 시간을 주어야 한다는 것이다. 이 두 가지 조건이 충족되면 아이는 엄마에게서 사랑받는다고 느낀다. 엄마가 주는 사랑의 에너지가 아이에게 전달되는 것이다.

아이는 이 에너지를 받아 세상을 향해 나아갈 수 있는 힘을 얻는다. 이 에너지로 공부도 하고 직장생활도 하며 엄마에게서 받은 사랑의 힘으로 함께 살아갈 배우자도 사랑하고 그 사이에서 낳은 자녀도 사랑한다. 이렇게 엄마의 사랑은 대를 이어간다.

반면에 조건적인 사랑은 의도가 개입되는 사랑으로 이 역시 두 가지 조건이 갖추어져야 한다. 첫째는 엄마가 원하는 사랑을 주는 것이고 또 하나는 시간이 가장 적게 드는 방법을 택하는 것이다. 이 두 가지 조건이 충족되면 엄마는 사랑을 주었다고 주장하지만 아이는 사랑받았다고 느끼지 않는다. 엄마가 준 사랑의 에너지는 '조건'이라는 불순물이 들어있으므로 엄마가 아이를 사랑하면 할수록 부작용이 나타난다. 그리고 그것은 게으름, 무기력, 폭력, 자살 심지어는 부모 살해로 나타난다.

　이런 사랑을 받은 아이는 평생을 엄마의 조건적인 사랑이 준 불순물을 제거하느라 인생을 낭비한다. 따라서 이 아이는 공부도, 직장생활도, 배우자를 만나기 위한 사랑도, 자녀를 키우기 위한 사랑도 제대로 할 수 없는 상태가 된다. 엄마의 잘못된 사랑의 전달이 자신의 아이뿐 아니라 대를 잇는 불행의 첫 단추를 끼우게 하는 것이다.

공심에 의한 교육과 사심에 의한 교육

아이가 커가는 동안 엄마는 아이를 교육한다. 아이에게 하는 교육은 두 가지이다. 하나는 '공심'에 의한 교육이고 또 하나는 '사심'에 의한 교육이다.

공심에 의한 교육은 아이가 이 세상에 태어나 처음 만난 순간에 가졌던 그 마음으로 하는 교육이다. 아이가 바르게 성장하기를 바라고 공부를 통해 도덕적인 사람으로 키우고자 했던 교육이 바로 공심에 의한 교육이다. 이를 위해 엄마는 아이와 할머니, 할아버지 댁을 다니며 그분들의 사랑을 받게 하면서 생활 속에서 효를 가르쳤고 예의를 배우게 했다. 책도 열심히 읽어주고, 아이가 올바르게 성장해 사회에 기여하는 사람이 되기를 바라는 마음으로 했던 그 교육이 바로 공심에 의한 교육이다.

사심에 의한 교육은 아이가 학교에 가면서 부모가 자칫 잘못 빠져들게 되는 교육이다. 아이가 성적을 잘 받아 좋은 대학에 가고 좋은 직장에 들어가 사회에서 성공적인 삶을 살도록 교육하는 것을 말한다. 그야말로 엄마의 사사로운 욕심(私心)이 개입되는 교육이다. 이를 위해 엄마는 아이에게 친구와 사이좋게 놀라는 말 대신 경쟁을 강요하고 입시를 위한 공부 외에는 모두 눈을 감도록 종용한다.

아이의 삶의 방향을 가르는 엄마의 의식수준

엄마는 아이에게 사랑과 교육을 주는 사람이지만 엄마가 주는 사랑과 교육의 수준에 따라 아이는 저마다 다르게 반응한다. 어떤 아이는 엄마를 존경하면서 인성이 바른, 사회가 원하는 사람으로 자라지만 어떤 아이는 끊임없이 엄마에게 저항하고 사회에 해악이 되는 행동마저 저지른다. 이러한 두 부류의 아이가 생겨나는 것은 아이가 엄마를 사랑하지 않아서가 아니다. 엄마가 주는 사랑과 교육의 수준이 다르기 때문에 나타나는 결과이다.

엄마가 아이를 존중하고 아낀다면 무조건적인 사랑을 주고 공심에 의한 교육을 해야 한다. 그런데 왜 반대로 엄마는 조건적인 사랑과 사심에 의한 교육으로 아이의 마음에 지울 수 없는 상처를 주는 것일까?

그 이유는 엄마가 가진 의식수준 때문이다. 우리 모두는 저마다 다른 의식수준을 가지고 태어난다. 높은 의식수준을 가진 엄마는 무조건적인 사랑과 공심에 의한 교육을 통해 자녀를 사랑이 가득하고 예의바르며 능력을 갖춘 아이로 키워낸다. 아이를 키우는 과정에 어려움도 있지만 엄마 능력 이외의 더 큰 힘을 빌려 지혜롭게 헤쳐 나간다. 반면에 낮은 의식수준을 가진 엄마는 조건적인 사랑과 사심에 의한 교육을 통해 자녀를 나름대로 열심히 키워 사회에서 말하는 이른바 성공하는 아이로 만들 수 있다. 하지만 시간이 지날수록 아이는 엄마를 원망하고 미워하고 분노하며 심지어는 엄마를 살해하기도 한다.

그러나 이 아이도 엄마를 사랑하는 마음은 여느 아이와 다를 바 없다. 다만 엄마가 지닌 의식수준에 저항하는 것이다. 엄마가 가진 의식수준의 차이가 아이의 삶의 방향을 가르고 엄마를 독친과 득친으로 나누는 것이다.

가족으로 만난 우리

"잊지 마십시오. 이곳은 학교입니다."

소크라테스는 이승을 '영혼을 고양시키는 학교'로 비유했다. 먼 우주 어느 끝에서 우리가 이승으로 올 때는 각자 무언가 배우려고 온다는 것이다.

우리가 아이를 학교에 보내면서 매일 하는 말이 있다.

"학교에서 잘 배우고 와라. 선생님 말씀 잘 듣고."

우리도 이승이란 학교에 온 이상 아이들에게 하는 말처럼 잘 배워야 하고 우리를 가르쳐주는 선생님 말씀도 잘 들어야 한다. 체계적으로 더 많이 배우기 위해 교과서를 통해 배울 것을 습득한다. 간혹 잘 배우고 있는지 확인하는 시험도 본다. 이것이 바로 우리의 삶이다.

우리는 가족이란 이름으로 왜 만난 것일까? 가장 사랑하는 사람들이라고 하면서 가장 많은 고통을 주며 살아가는 이유는 무엇일까? 고통을 주지 않고 살아가는 것만이 과연 행복한 삶일까? 하루하루가 고통이라면 우리는 왜 그렇게 사는 것일까?

고통은 앎으로 가는 가장 확실한 길이며 우리는 고통을 통해 가장 깊이 배운다. 배움을 잘 안내하는 사람은 선생님이다. 그렇다면 이승이라는 학교에서 가장 많은 가르침을 주는 선생님은 누구일까? 그 답은 가족인 경우가 가장 많다. 가족은 나에게 가장 적합한 배움을 주기 위한 최적화된 선생님이자 교과서인 셈이다.

교과서는 우리가 배워야 할 앎의 핵심이 담긴 도구이다. 고통이 앎으로 가는 길이라면 고통이야말로 최고의 교과서이다. 가족 모두 서로에게 고통을 주는 것은 가장 잘 배우기 위해 잘 짜인 하나의 팀이기 때문이다. 이렇게 해서 우리 모두는 가족이라는 이름으로 만나 최고의 배움을 갖고 떠나야 한다.

《긍정의 말이 몸을 살린다》의 저자 바바라 호버맨 레바인Barbara Hoberman Levine◆은 누구나 자신의 배움에 필요한 경험을 끌어들인다고 한다. 가족이란 각자에게 가장 필요한 배움의 경험을 주기 위해 모인 사람들이다. 우주의 기본적인 법칙은 경제성이다. 우주는 단 하나

◆ 32세에 심각한 뇌종양에 걸렸으며, 여러 해 동안 많은 검사와 오진을 경험한 끝에 언어가 병의 강화에 영향을 미친다는 것을 깨닫고 이를 연구하기 시작했다. 이 연구와 발견에 힘입어 암의 악영향을 차단하는 것은 물론 1985년 생명을 위협할 정도로 커져버린 뇌종양 제거수술의 후유증에서도 벗어날 수 있었다. 저서로 《긍정의 말이 몸을 살린다》 등이 있다.

의 쿼크◆도 낭비하지 않는다. 만물에는 목적이 있고 우리의 만남은 우연한 만남이 아니며 우연을 가장한 필연적인 만남이다.

가정은 거룩한 배움의 공동체

셰익스피어는 '인생은 연극'이라고 했다. 그렇다면 가족 모두는 각자에게 배움을 주기 위해 충실히 연기하는 연기자라고 할 수 있다. 서로에게 배움을 주기 위한 연기를 통해 우리가 얻는 것은 의식수준의 향상이다. 의식수준의 향상이야말로 이 세상을 더 바르게 볼 수 있는 방법이며 더 정확하게 말하면 우리가 가족이라는 이름으로 만난 이유를 알아가는 배움의 과정이다. 그러므로 가족은 각자의 의식수준을 높이려는 목적으로 만난 거룩한 연극의 배우들인 셈이다.

가정은 이승에서 배워야 할 앎을 극대화하기 위한 수준별 맞춤식 교실이다. 하나의 팀으로 만들어진 거룩한 배움의 공동체이다. 그렇기 때문에 서로 고통을 주며 배우고 깨닫도록 종용하고 있다. 그러나 상대가 이를 알아듣지 못하고 고통의 의미를 알아채지 못한다면 우리의 연극은 계속될 것이다. 알아들어야 끝나는 연극이기 때문이다.

어느 신부가 십자가를 지고 가다가 너무 무거워 십자가 끝을 티가 안 나게 조금씩 잘랐다. 신부가 가고자 하는 목표 지점에 이르렀을 때

◆ 물질을 이루는 가장 기본 입자

눈앞에 벼랑이 가로놓여 있었다. 그런데 그 벼랑까지의 거리가 신부가 조금씩 자르기 전 바로 그 십자가의 길이였다. 만일 신부가 십자가를 자르지 않았다면 십자가를 이용해 자신의 목표 지점에 도달했을 것이다. 신부의 인생길에서 십자가를 지고 가는 동안 십자가의 무게가 바로 고통의 무게였을 것이다. 그러나 그 십자가가 고통이 아니라 사실은 선물이었음을 인생길 끝에서 깨닫는다. 신부 역시 벼랑 끝에서 십자가의 의미가 고통이 아니라 자기 인생에 주어진 선물이었음을 깨달았을 것이다.

우리는 안타깝게도 가족의 죽음과 같은 벼랑 앞에서야 깨닫는 바보들이다. 그러나 현명한 사람이나 고통을 통한 배움을 달갑게 여기는 사람은 인생길 한가운데에서 알아차린다. 우리는 가족이란 이름으로 만나 고통 속을 헤매며 벼랑 끝에서 고통의 의미를 깨닫는 어리석은 신부의 모습은 아닐까?

우리가 만난 의미는 고통 속에 배우고 그 배움이 이승이 주는 선물임을 깨달아야 한다. 왜 이리 고통을 주느냐고 원망하고 서로에게 상처를 주는 독이 되는 부모가 되어서는 안 된다. 부모가 인생이 주는 십자가를 자기 인생의 선물로 깨달을 때 비로소 아이는 내 삶의 선물이 될 수 있으며 아이도 살아가면서 삶이 주는 선물의 의미를 깨닫게 될 것이니 말이다.

깨닫지 않으면 계속되는 게임

우리는 각자 의식수준을 갖고 태어나지만 살아가면서 의식수준을 높일 수 있는 기회를 만난다. 호킨스 박사에 의하면 어떤 사람이 바르게 잘 살아야겠다고 생각하고 열심히 살면 평생 의식수준을 5점 정도 올릴 수 있다고 한다. 그러나 비약적인 발전을 하는 사람도 있는데 그것은 '고통'을 통해서라고 한다. 고통은 인간의 영혼을 성숙시키는 의식수준의 도약대인 셈이다.

누군가에게 선물을 주었을 때를 생각해보자. 선물을 건네받고 포장을 뜯은 후 이 선물이 나를 위해 준비된 것임을 알아차릴 때 선물을 준 사람에게 감사를 표하면서 그의 의도를 파악한다. 나에게 꼭 필요한 선물을 준 사람의 마음에 감사를 표한다. 이것이 선물을 받았을 때 우리가 취하는 행동과 마음가짐이다.

신은 우리 모두에게 각자에게 맞는 선물을 주는데 그 선물을 고통이라는 포장지에 싸서 준다고 한다. 그러면 대부분의 사람은 선물을 받기도 전 고통이라는 포장지에 놀라 이 선물은 내 것이 아니라며 밀어내는데 이 경우 내 선물이라고 받아들일 때까지 고통은 계속된다.

반면에 어떤 사람은 고통이라는 포장지에 싸인 그 선물을 내 것이라며 용기를 내어 받아들고 포장을 뜯어 선물의 의미를 깨닫고 감사를 표한다. 그 순간이 바로 고통이 내 인생의 선물임을 깨닫는 순간이며 의식수준이 비약하는 순간이다.

인생의 선물은 이처럼 고통으로 다가온다. 그것을 받아들이는 용기를 낸 사람만이 선물을 받을 자격이 있다. 그리고 이때 의식수준이 높아지는 것이다.

대부분의 사람이 일생 동안 높일 수 있는 의식수준이 5점이지만 내게 다가온 고통의 의미를 깨달을 때 의식수준이 비약적으로 도약할 수 있는 기회를 얻는다. 아이를 키우는 엄마의 입장에서 자녀가 나에게 고통으로 다가온다면 그 아이는 내 인생의 선물임이 분명하다. 우리는 아이가 우리에게 무언가 가르치러 왔음을 깨달아야 한다. 이것을 깨닫지 못하는 한 끝나지 않는 게임은 계속될 것이기 때문이다.

고통은 인생의 선물이다

《신과 나눈 이야기》로 유명한 닐 도널드 월쉬Neale Donald Walsch가
쓴 책 중에《작은 영혼과 해》라는 그림동화가 있다. 얼마 전 아버지
가 돌아가신 후 사후 세계에 관심을 갖게 된 나는 도대체 인간은 어
떤 이유로 이승에 온 것이고 또 가족이 그토록 슬퍼함에도 불구하고
어떤 연유로 이승을 떠나는가에 대해 궁금증이 일었다. 한편으로는
임사체험(臨死體驗)◆을 한 사람들이 쓴 책을 읽으면서 아버지를 잃은
슬픔을 달래고자 했다.

이승과 저승의 체험을 동시에 했던 임사체험자들은 이승에 올 때
자신이 깨닫고자 하는 과업을 갖고 오며 그 과업을 이루었을 때 저승
으로 간다고 말한다. 만약 그 과업을 이루지 못하고 저승에 가면 다
시 돌아오게 되는 것을 임사체험으로 설명하는 경우를 보았다.《작
은 영혼과 해》를 읽으면서 내 인생에 고통으로 다가오는 사람들의 의
미를 깨달았다.

> 자신이 빛임을 알아낸 작은 영혼은 실제로 빛이 되어 빛을 체험하고
> 싶다고 하느님에게 말한다. 하느님은 작은 영혼의 말에 수긍하면서
> 도 이곳은 빛 말고는 아무것도 없기 때문에 빛을 체험하기가 힘들다

◆ 죽음에 임한 체험이다. 지금까지의 조사에 따르면 심장정지 상태에서 소생한 사람의 4~18퍼센트가 임
사체험을 보고했다. 현재는 의학 기술에 의해 정지된 심장의 박동이나 호흡을 다시 개시시키는 것도 가능
해졌기 때문에 죽음의 후치에서 생환하는 사람이 점차 증가하고 있다.

고 말한다. 빛을 체험하기 위해서는 어둠이 있어야 하는데 이곳에는 어둠이 없기 때문이었다. 작은 영혼이 어둠이 무엇이냐, 무서운 것이냐고 묻자 하느님은 네가 무섭다고 마음먹으면 무서워하게 될 것이라고 대답한다.

이어서 하느님은 무엇인가를 알기 위해서는 그 무엇에 반대되는 것이 있어야 한다고 설명하면서 그 반대의 것은 아주 훌륭한 선물임을 강조한다. 차가운 것이 없으면 뜨거운 것을 알 수 없고, 아래가 없으면 위를 알 수 없듯이 빛을 알기 위해서는 어둠이 반드시 필요하며 그것은 선물이라는 것이다.

하느님은 작은 영혼에게 당부한다.

"어둠에 정신을 잃지 말고 그 어둠 속을 비추는 빛이 되거라. 그러면 네가 누군지 스스로 알게 될 것이다. 그리고 다른 영혼들도 네 빛을 보고는 네가 얼마나 특별한 빛인지 알아볼 것이다!"

그러면서 하느님은 "너는 어떤 쪽에서 특별해지고 싶냐?"고 묻는다. 작은 영혼은 "나는 '용서'라고 부르는 특별한 빛이 되겠어요. 남을 용서하는 것도 특별한 거지요."라고 대답한다.

하느님이 다시 말한다.

"그래, 그런데 문제가 있구나. 너에게는 용서할 대상이 없단다. 내가 만든 것들은 모두가 완전하기 때문이지. 너보다 못한 영혼은 하나도 없단다. 그러니 누구를 용서하겠니?"

그러자 작은 영혼이 간절한 목소리로 말한다.

"하느님, 나는 용서하는 나로 살아보고 싶어요. 그쪽에서 특별한 내가 되는 게 어떤 건지 느껴보고 싶어요."

바로 그때 작은 영혼의 친구인 다정한 영혼이 다가와 말한다.

"걱정하지 마, 작은 영혼. 내가 너를 도와줄게."

"네가 나를 돕겠다고? 어떻게 나를 돕겠다는 거지?"

"내가 너에게 용서해줄 상대가 되어줄게. 네가 다음번 세상에 태어날 때 나도 함께 태어나서 너한테 용서받을 짓을 하는 거야! 내가 그렇게 하려는 것은 널 사랑하기 때문이야. 내가 너의 다음번 세상에 들어가 이번에는 나쁜 사람이 되어줄게. 정말 나쁜 짓을 해서 너로 하여금 용서하는 게 어떤 것인지 알 수 있도록 도와줄게."

"그런데 그것은 너무나도 무서운 일 아닐까?"

작은 영혼의 말에 다정한 영혼이 대답한다.

"너는 한 가지 일만 하면 돼."

"그게 뭔데?"

이때 하느님이 작은 영혼에게 말했다.

"다정한 영혼은 천사란다! 모두가 천사야! 언제나 기억하거라. 나는 너에게 천사 말고는 아무도 보내지 않는단다."

작은 영혼이 다시 다정한 영혼에게 "내가 너를 위해 할 일은 뭐냐?"고 묻자 다정한 영혼은 대답한다.

"내가 너를 때리고 찌르는 바로 그 순간에, 네가 생각도 못 할 만큼 나쁜 짓을 하는 바로 그 순간에도 내가 누군지 기억해줘."

작은 영혼이 꼭 기억하겠다고 약속하자 다정한 영혼은 이렇게 말한다.

"좋아. 그런데 내가 너무 열심히 몸을 바꾸었기 때문에 나는 내가 누

군지 잊었을 거야. 만일 너마저 내가 누군지 기억하지 못한다면 나는
아주 오랫동안 내가 누군지 모르게 되겠지. 그리고 내가 누군지를 내
가 잊으면 너도 네가 누군지를 잊을 것이고, 그렇게 되면 우리는 둘
다 길을 잃은 영혼이 되고 마는 거야. 그러면 어떤 다른 영혼이 와서
우리에게 우리가 누군지 일러줄 때까지 기다려야겠지.”

그 말에 작은 영혼이 대답한다.

“아니야, 나는 잊지 않아. 너를 꼭 기억할게! 그리고 나는 너에게 내
가 누군지 스스로 살아볼 수 있도록 기회를 마련해준 것에 대해 고
마워할 거야.”

작은 영혼은 용서하는 빛으로 살 수 있도록 그 일을 돕는 다정한 영
혼에게 감사하기로 마음먹었고 삶의 매 순간 새 영혼이 자기 앞에 나
타날 때마다 그가 슬픔을 주든 기쁨을 주든 기억하기로 했다. 무엇
보다도 특별히 슬픔을 안겨줄 때 작은 영혼은 하느님이 자기에게 해
주신 말씀을 생각하기로 했다.

“언제나 기억하거라. 나는 너에게 천사 말고는 아무도 보내지 않는
단다.”

월쉬는 이 책을 통해 우리에게 왜 때때로 나쁜 일이 일어나며 그
런 일이 우리를 찾아올 때 어떻게 맞이해야 하는지를 말하고 있다. 즉
우리가 나쁘다고 생각하는 사람도, 나에게 고통을 주는 나쁜 일도 어
쩌면 모습을 바꾸어 내 앞에 나타난 천사일지도 모른다는 것을 깨닫
게 해준다. 고통이라는 선물은 때로는 관용과 이해와 용서를 알게 해

주는 도구이며 내가 진짜 누구인지를 깨닫게 해주는 진정한 선물임을 알려주고 있다.

이 이야기를 통해 세상에는 절대적인 선도 절대적인 악도 없으며 모습은 다르지만 우리 모두는 선으로 향하는 길 위에 있다는 것을 보여준다.

엄마와 아이가 만들어내는
의식수준의 변주

우리는 누구나 의식수준을 갖고 태어나며 인생을 살아가는 의미
는 삶 속에서 의식수준을 올리는 데 있다. 단 의식수준을 갖고 태어난
다고 해서 고정된 것은 아니며 살아가면서 자신의 의식수준보다 높
은 행위를 할 수도 있고 반대로 턱도 없이 낮은 행동을 할 수도 있다.

예를 들면 할머니가 손주를 대하는 태도는 할머니 자신의 의식수
준과는 상관없이 매우 높은 수준이다. 아무 조건 없이 손주를 사랑하
기 때문이다. 반면에 엄마는 아이를 사랑하지만 간혹 자신의 욕심으
로 인해 아주 낮은 의식수준으로 아이를 대하곤 한다.

사람은 자신이 처한 상황과 대상에 따라 자신의 의식수준보다 높
기도 하고 낮기도 한 행동과 말을 한다. 이처럼 우리의 의식수준은 오

르락내리락하며 우리의 삶을 그려 나가고 있다.

엄마라고 해서 아이보다 의식수준이 항상 높다고는 할 수 없다. 때로는 아이가 높을 수도 있고 때로는 엄마가 높을 수도 있다. 가정에서 일어나는 엄마와 아이의 의식수준의 변주는 다음 네 가지로 나누어볼 수 있다.

- 엄마와 아이 모두 의식수준이 높은 경우
- 엄마의 의식수준이 높고 아이가 낮은 경우
- 아이의 의식수준이 높고 엄마가 낮은 경우
- 엄마와 아이의 의식수준이 모두 낮은 경우

이 네 가지 경우는 삶 속에서 서로 다른 양상으로 나타나며 엄마의 의식수준의 높낮이에 따라 아이는 때로는 순응으로, 때로는 저항으로 엄마를 대한다. 하나씩 살펴보자.

엄마와 아이 모두 의식수준이 높은 경우에는 엄마가 주는 사랑과 교육에 아이는 저항하지 않고 순응하며 잘 자란다. 높은 의식수준에는 저항할 필요가 없기 때문이다. 엄마의 의식수준이 높고 아이가 낮은 경우도 엄마의 의식수준이 아이의 의식수준을 포용하기 때문에 별다른 저항 없이 자라며 엄마의 사랑과 교육도 아이에게 잘 전달된다.

문제는 아이의 의식수준이 높고 엄마가 낮은 경우이다. 이때는 엄마의 의식수준이 낮기 때문에 엄마가 주는 사랑과 교육에 아이가 저항한다. 그리고 낮은 의식수준의 엄마는 엄마라는 이유로 아이에게 자신의 경험을 강요하여 아이가 저항하도록 부추기고 아이의 의식수준마저 끌어내린다. 엄마와 아이의 의식수준이 모두 낮은 경우는 때로는 아이가 저항하지만 의견의 일치를 보기도 한다.

가정에서 일어나는 의식수준의 네 가지 변주

가정에서 일어나는 의식수준의 네 가지 변주는 아이와 엄마가 서로 기차의 다른 칸에 앉아서 볼 수 있는 경치가 다르기 때문에 나타나는 현상과 같다. 예를 들면 4등 칸의 기차라고 가정하고 맨 앞 칸을 1등 칸, 맨 뒤 칸을 4등 칸이라고 해보자. 이 경우 1등 칸에서 보는 경치와 4등 칸에서 보는 경치는 다르며 4등 칸이 시야가 넓으므로 더 많은 경치를 볼 수 있다.

엄마가 의식수준이 높고 아이가 낮은 경우는 엄마는 4등 칸에 타고 있고 아이는 1등 칸에 타고 있는 것과 같다. 엄마가 보는 경치는 아이가 보는 것보다 더 넓기 때문에 더 많이 보고 더 자세히 설명해줄 수 있다. 아이는 자신의 위치에서 보는 것보다 엄마가 더 많은 것을 설명해주기 때문에 엄마의 가르침에 순응한다. 엄마가 주는 사랑의 폭도 커서 아이는 그 사랑을 듬뿍 받으며 살아가니 별 저항이 없다.

엄마도 의식수준이 높고 아이도 높은 경우 서로가 보는 차창의 경치는 같기 때문에 별문제가 없다. 그러나 엄마가 의식수준이 낮아 1등 칸에 타고 아이가 의식수준이 높아 4등 칸에 탄 경우도 있는데 사실 거의 대부분의 가정이 이런 상황이라고 보아야 한다. 왜냐하면 윤회를 가정할 때 인간의 의식은 진화하기 때문이다. 따라서 먼저 태어난 사람보다 나중에 태어난 아이가 의식수준이 더 높은 경우가 많다. 윤회를 가정하지 않더라도 아이는 엄마보다 세상의 때가 묻지 않았기 때문에 의식이 순수하다고 생각하면 이런 가정도 틀리지 않을 것이다.

이 경우 엄마가 보는 풍경보다 아이가 보는 풍경이 더 넓지만 엄마는 어른이라는 이유로 자기가 본 것만으로 아이를 교육하기 때문에 문제가 생긴다. 아이가 자신의 생각이 죽었거나 엄마의 힘에 눌린 경우가 아니라면 엄마가 틀렸다고 말할 것이다. 진실을 말하는 것이 아이의 특성이기 때문이다. 그러나 의식수준이 낮은 엄마는 아이의 이런 행동을 자신에게 저항한다고 느끼고 더 강도 있게 교육하려 할 것이다. 이때 문제가 드러난다. 아이가 수긍하지 못할 경우 더 거세게 저항한다고 느낄 것이고, 엄마의 위력에 눌린다면 아이는 잠시 자신의 의견을 보류하고 사춘기 때까지 기다릴 것이다. 그리고 자신을 주장할 수 있는 힘을 기른 후에는 엄마와 심리적 결별을 할 것이다.

이런 모습이 우리 가정에서 자녀가 사춘기가 되었을 때 흔히 나타나는 현상이다. 아이가 저항한다면 아이를 혼낼 것이 아니라 아이가 자신이 이해하지 못하는 수준에 있음을 인정하고 아이의 수준까지 엄마의 의식을 확장하려고 노력해야 한다. 그래야 엄마가 의식수준이 낮더라도 그 노력에 감동하여 아이는 저항을 멈출 것이다. 아이는 부모에게 감동하는 그 지점에서 교육되기 때문이다.

체질 개선을 통해 의식수준을 높이자

의식수준은 고정되어있는 것이 아니다. 교육은 의식수준을 올리는 하나의 방법이다. 부모교육을 받는 엄마들은 교육받는 동안 아이가 이상하리만큼 말을 잘 듣는다고 이야기하곤 한다. 그 이유는 교육을 통해 엄마의 의식수준이 올라가므로 아이가 높아진 엄마의 의식수준에 반응하는 양상이 저항이 아닌 순응으로 나타나기 때문이다.

그러나 교육을 받고 어느 정도 시간이 지나면 다시 본인의 의식수준으로 돌아가는데 그것이 일주일을 넘기 힘들다고 한다. 따라서 일주일 정도의 기간을 두고 지속적으로 교육을 받으면 의식수준이 올라가는 경험을 할 수 있다. 우리가 몸이 허할 때 보약을 먹는 것처럼 주기적으로 교육을 받으면 보약 효과가 나타난다. 그러나 약기운이 떨어지면 다시 제자리로 온다.

보약보다 더 좋은 것은 체질 개선이다. 체질 개선을 위해서는 적어도 1년 이상 꾸준히 교육을 받으며 자신의 의식수준의 장에서 빠져나오는 것이 중요하다.

절이나 교회, 성당도 일주일에 한 번씩 가면 그간의 잘못을 뉘우치게 된다. 신자들이 기도를 열심히 하는 종교적인 장소는 의식수준이 높은 곳이기 때문에 사람들은 그곳에서 잘못을 뉘우치고 새 사람으로 다시 태어난다. 그러나 집에 오면 다시 본인의 의식수준으로 돌아가 아이에게 소리도 지르고 전과 같은 행동을 한다.

이와 같이 우리의 의식수준은 일정하게 유지되는 것이 아니라 상황이나 장소에 따라 오르락내리락한다. 예를 들어 할머니가 손자를 보는 그 순간에는 무조건적인 사랑을 주기 때문에 의식수준이 올라간다. 그러나 며느리에게 냉혹한 잣대를 들이대는 순간 의식수준이 떨어진다. 가정이란 부모가 펼쳐놓는 의식수준의 장에 지배를 받기 때문이다.

상황이나 장소에 따라 변하지만 그래도 많은 부분 머무는 에너지장이 그 사람의 의식수준이다. 그러니 의식수준이 높아졌다고 자만해서도 안 되고 내려갔다고 실망할 필요도 없다. 다만 그 순간을 의식적으로 인식하며 의식수준을 높이려고 노력해야 한다.

아이를 키우는 엄마라면 적어도 《의식혁명》에서 호킨스 박사가 말하는 용기의 수준 200을 넘어서야 한다. 그래야 아이를 제대로 키울 수 있으며 대를 잇는 양육의 고리를 끊을 수 있다. 용기의 수준이란 현재 자신의 위치를 파악하고 변화하고자 용기를 내는 수준이기 때문이다. 이 수준에 도달한 엄마는 삶의 목표를 변화와 성장에 두고 끊임없이 노력한다.

반면에 낮은 의식수준의 엄마는 높은 의식수준으로 태어난 아이의 의식수준이 향상하는 것을 가로막으며 자꾸 자신의 의식수준으로 아이를 끌어내리려고 한다. 따라서 엄마는 자신의 삶에서 의식수준이 높은 방향으로 살고자 하는 용기를 내는 것이 무엇보다도 중요하다. 아이가 받은 교육의 수준은 부모의 수준을 넘지 못하기 때문이다.

아이는 병으로 엄마를 가르친다

엄마가 의식수준이 낮을 때 아이에게 나타나는 현상이 있다. 바로 병이다. 아이가 병에 걸리는 이유는 엄마의 낮은 의식수준에서 나오는 에너지가 아이를 다치게 하기 때문이다. 이런 주장을 할 수 있는 근거는 내가 바로 그런 경험을 했기 때문이다.

나는 결혼하면서부터 시어머니의 반대에 부딪쳤다. 당시 대학원에 다녔기 때문에 시어머니의 입장에서 어떻게 남편 뒷바라지와 아이를 키울 것인지 걱정을 하셨던 것이다. 어리석었던 나는 시어머니가 나를 미워하시는 줄로만 알았다. 그래서 나 역시 어느 순간부터 시어머니를 미워하기 시작했다. 남편이 직장에 가고 나면 하루종일 시어머니 생각을 하며 보냈다. 그 생각이 좋은 생각일 리 없었다.

이런 나의 일상은 내 힘으로 감당하기 힘든 결과를 가져왔다. 아이들이 아프기 시작한 것이다. 두 아이가 번갈아가며 입원을 했다. 이런 교육을 받아본 적 없는 나는 이유를 알지 못한 채 힘든 시간을 보냈다. 한참 지나 부모교육을 받으면서 그때 우리 아이들이 아팠던 이유를 알게 되었다.

아이를 키우는 엄마는 좋은 생각을 해야 한다. 그래야 아이가 잘 자란다. 그런데 나는 하루종일 그것도 골똘히 시어머니를 미워하는 마음을 가지고 한동안 살았다. 시어머니를 미워하는 나의 생각은 시어머니에게 도달하기 전에 내 가정을 거쳐 간다는 것을 모르고 그 엄청난 일을 벌인 것이다. 내가 하는 나쁜 생각과 나쁜 에너지는 내 가정에서 가장 힘없는 생명체인 내 아들들을 밟고 지나갔다.

엄마의 나쁜 생각은 나쁜 에너지가 되어 아이를 다치게 한다. 그 에너지가 아이의 에너지를 흐트러뜨려 아이를 병들게 한다. 그래서 아이를 키우는 엄마는 좋은 생각만 해야 한다. 임신하면 좋은 것만 먹고 좋은 것만 보라는 어른들의 말씀도 이를 두고 하는 말이다. 아이가 태어났다는 이유로 태교할 때의 마음가짐과 가르침에서 벗어나서는 안된다. 태아나 아이나 모두 여린 생명체이기 때문이다.

이런 예는 또 있다. 집안에 우환이 생기려면 식물이 죽어가고 집에서 기르는 동물들이 죽고 심지어는 장맛도 달라진다고 하지 않던가. 다 같은 원리에 근거하는 현상이다. 모든 생명체 심지어는 생명이 없는 물건에도 의식이 있기에 주변의 에너지장이 나쁠 때 그 에너지장에 의식이 공명하기 때문이다.

이런 교육을 받으면서 나는 아이를 잘 키운다는 것의 의미를 생각해봤다. 아이는 엄마의 낮은 에너지장에서 나오는 끔찍한 쓰레기를 담아내는 쓰레기통이 아니다. 내가 엄마라는 이유로 자행했던 가혹한 말, 위협, 폭력이 독이 되어 내 아이와 나, 더 나아가 나의 가정까지 병들게 하고 있지 않았는지 되돌아보아야 한다. 이런 나의 경험으로 인해 이제는 내가 아프거나 아이가 아프면 나는 내 삶을 돌아보는 것이 습관이 되었다. 아주 좋은 삶의 바로미터를 하나 갖게 된 셈이다.

아이를 키우는 엄마의 입장에서 아이에게 가장 큰 영향을 주는 엄마의 의식수준의 질은 어떤 음식보다도 아이 몸의 정보 수준을 바꿔 건강에 영향을 미친다. 엄마는 아이에게 좋은 음식을 주기 위해 노력한다. 하지만 엄마 스스로 의식수준의 질을 높이는 것이 아이에게 줄 수 있는 엄마의 가장 좋은 영향력이자 정신의 웰빙푸드임을 알아야 한다.

아이는 부모가 좋은 사람이기를 바란다

우리는 아이를 낳는 순간 부모와 자녀의 관계로 맺어지며 엄마와 아이라는 물리적 육체뿐 아니라 정신과 감정이 하나로 연결된다. 이 관계에서 엄마의 정신과 감정이 아이와의 관계를 악화시키는 원인이 되기도 하지만 관계 회복으로 들어가는 결정적인 열쇠가 되기도 한다.

아이에게 나타나는 질병은 엄마와 아이와의 관계에 문제가 있음을 보여주는 징후이다. 관계의 문제는 감정적 반응을 통해 아이의 신체에 영향을 주어 면역력을 떨어뜨리고 병의 원인이 된다. 여기서 주의할 점은 아이와의 관계에서 오는 문제는 아이와 엄마만의 문제가 아니기 때문에 엄마가 가지고 있는 문제를 먼저 해결해야 한다는 것이다. 그래서 아이를 잘 키우기 위해서는 엄마의 행복이 전제되어야 하며 가족 모두가 노력해야 하는 이유이기도 하다.

이렇게 아이는 아프면서까지 엄마를 가르치려 한다. 아이가 원하는 것은 나에게만 좋은 부모가 아니다. 아이는 오히려 엄마가 좋은 부모보다 '좋은 사람'이기를 바란다. 왜냐하면 엄마가 좋은 사람이 될 때 좋은 부모, 좋은 아내, 좋은 며느리, 좋은 딸은 자연스레 되기 때문이다.

엄마가 좋은 사람이 되지 못할 때 아이는 신호를 보낸다. 그것을 알아차리지 못할수록 아이가 보내는 생명의 신호는 더 강해진다. 따라서 아이가 아프면 빨리 내 생활을 반성하고 좋은 사람으로 돌아가야 한다. 그래야 아이도 안심하고 다시 정상의 몸으로 돌아간다.

아이를 키우는 엄마는 좋은 생각과 좋은 에너지로 아이 삶의 보호막이 되어 아이에게 다가오는 사건과 사고를 막아내야 한다. 집안에 사건과 사고가 끊이지 않는다면 나의 삶을 돌아봐야 한다. 우연한 사고는 없기 때문이다.

엄마는 그야말로 아이의 병을 키우기도 하고 아이를 건강하게 만들기도 하는 존재이다. 육안으로 에너지를 볼 수 없기 때문에 이런 말이 이해가 안 될지도 모른다. 그러나 아이를 길러본 엄마라면 분명 이말이 무슨 의미인지 이해할 것이다. 아이를 키우면서 이성으로는 풀리지 않는 신비로운 일을 경험했을 것이기 때문이다.

죽음으로 엄마를 가르치는 아이

　아이에게 증상이 나타난다는 것은 아직 힘이 있다는 것이고 가능성이 있다는 것이다. 그런데 아이가 자신의 병으로도 엄마를 좋은 사람으로 만들지 못한다는 한계와 좌절을 느끼면 죽음으로써 엄마를 가르친다. 부모를 가르치러 왔는데 부모가 알아듣지 못할 경우 자신의 목숨을 내놓으면서까지 가르치는 것이다.

　그런데 안타까운 것은 아이의 죽음만 슬퍼하고 아이를 죽음으로 몰고 간 주변의 상황만을 원망할 뿐 진정으로 아이가 하려고 했던 말을 부모가 끝내 알아차리지 못하는 것이다.

　대부분 자녀나 부모의 죽음을 접하면 어느 순간 죽음이 주는 메시지를 듣는 경우가 있다. 누군가의 죽음을 통해 내 느낌과 생각이 바꿰고 내 삶도 변한다. 나는 이것을 '삶의 의미화'라고 본다. 죽음을 통해 배우지 못하는 사람이야말로 가장 어리석은 사람이다. 도대체 어디까지 치달아야 우리는 깨달을 수 있을까?

얼마 전 내가 세상에서 가장 사랑했던 나의 아버지와 나를 끔찍이 아껴주셨던 시아버지를 동시에 잃었다. 두 분의 아버지 모두 나에게 많은 가르침을 주고 세상을 떠나셨다. 두 분을 보내드리며 죽음이야말로 최고의 교육이라는 생각이 들었다. 아무리 가르치려 해도 도통 알아듣지 못하는 어린 딸과 며느리를 가르치려고 죽음을 택하신 것처럼 느껴지기까지 했으니 말이다.

부모는 그렇다 하더라도 자녀가 죽음으로써 가르치려 들 때 엄마는 어떤 깨달음을 얻어야 할까? 그것은 사람마다 처한 환경에 따라 다를 것이다. 그러나 나는 믿는다. 아이는 죽으면서까지 엄마에게 하고 싶은 말이 있었을 거라고. 나는 그것이 어떤 경우일지라도 좋은 사람이 되어달라는 것이 아니었을까라고 조심스럽게 생각해본다.

"엄마! 좋은 사람이 되어 좋은 세상을 만들어주세요. 나는 그런 세상을 만들지 못하고 가는 겁쟁이이지만, 엄마! 엄마가 해주세요. 내 동생, 내 친구가 살기에 좋은 그런 세상 말이에요."

이렇게 말하고 떠나는 건 아닌지….

매 순간 소중한 지금 여기의 삶을 살아라

가끔 자신의 아들을 죽인 사람을 용서했다는 내용이나 죽은 아이의 장기를 이 세상의 누군가에게 아무 대가 없이 기증해 새로운 생명을 준 부모들의 이야기를 듣곤 한다. 이런 부모들은 아이의 죽음의 의미를 깨닫고 있음이 분명하다.

이런 부모를 둔 아이는 세상을 떠나면서 얼마나 안심을 할까 생각해본다. 오랜 시간 함께하지 못했더라도 얼마나 자신의 부모를 존경하며 자랑스러워할까? 반대로 분노와 원한으로 부모가 나머지 여생을 보내려고 마음먹는다면, 이것을 아이에게 대한 사랑이라고 여기고 아이를 마음속에서 떠나보내지 않는다면 떠나는 아이의 발길은 얼마나 천근만근일까?

우리는 가족이라는 이름으로 서로에게 배움을 주고자 이승에 왔다. 서로의 가르침을 통해 우리가 가야 할 목적지는 결국 좋은 사람이 되는 것이다. 내 아이만을 위한 좋은 엄마, 내 아이만 잘되었으면 하는 마음, 내 아이 입에만 좋은 것을 넣어주고 싶은 마음. 이런 것 말고 아이는 모두에게 좋은 엄마, 우리 모두가 잘되기를 바라는 엄마, 내 입에 좋은 것을 넣어주면서도 이 세상 다른 곳에서 굶주리는 아이들의 얼굴을 떠올리며 마음 아파하는 엄마가 되기를 바라지 않을까? 아이가 떠나면서 바라는 세상은 아마도 그런 세상일 것이라고 감히 생각해본다.

얼마 전 사고로 외아들을 잃은 친척분이 아들의 빈소를 찾아준 분들께 감사의 편지를 보내왔다. 이분은 외아들을 잃은 슬픔에 앞서 아들의 죽음의 의미를 깨달았던 것 같다. 당시 편지를 받아들고 느꼈던 충격과 그분에 대한 존경으로 여기에 소개한다.

어떤 것을 잃게 되거든

어떤 것을 잃게 되거든 그것을
잃었다고 생각하지 말고
〈원래 있던 곳으로〉
되돌아갔다고 생각하라
그것은 〈그분이 허락하신 동안만〉
잠시 맡아서 가지고 있었던 것뿐이다.
그러므로 〈그것은 내 것이 아니라 남의 것이다.〉
마치 길을 떠난 나그네가 잠시 여관에
머무는 것과 같이
- 에픽테토스《단편》중에서

법정스님은 "내 아들을 얻었다 한들 본래 있던 것이요, 잃었다 한들 본래 없었던 것이다."라고 말했다. 지난 상처와 아픔에 매달려 지금 여기를 살지 못하고 누리지 못하는 사람이 있을 것이다. 가슴 아픈 일이지만 이미 일어난 일은 결코 있을 수 없는 일이 아니라 일어났던 일로 받아들이고 매 순간 소중한 지금 여기의 삶을 살라고 한다. 잃

어버린 것에 연연하지 말고 그보다 작지만 현재 남아있는 것이 있다
는 사실을 감사하라고 한다. 그 마음이 행복의 조건이고 성실하게 살
아갈 수 있는 바탕이기 때문이다.

이분에게는 아내와 딸이 하나 있었다. 그러나 '그보다 작지만'이라
는 표현에서 아들을 향한 사랑의 양을 느낄 수 있어서 읽는 내내 마
음이 무척 아팠다.

"날아가는 새는 뒤돌아보는 법이 없다. 고개를 꺾고 뒤돌아보는 새
는 이미 죽은 새"라고 했다. 인간의 삶이란 이미 결정된 것 또는 그
저 주어지는 것이 아니라 스스로 만들어가는 것이며 자기 인생을 가
치 있게 만들어가는 사람에게만 아름다운 삶이 펼쳐지는 것은 자명
한 일이다.

경직된 마음은 창문이 없는 집과 같고 그 속에서는 아무것도 자랄
수 없다. 어느 하나에 집착해서 그것만을 절대적 진리로 받아들이는
것은 자신의 눈과 귀를 멀게 하는 어리석은 행동이며 참 진리를 구할
수 있는 소중한 기회를 잃어버리는 것이라고 한다.

2장

독친과 득친을 지배하는 10가지 법칙

자녀에게 독이 되는 부모와 득이 되는 부모는 인생을 살아가는 방향이 다르다. 부모의 삶의 방향이 어디를 향하느냐에 따라 자녀에게 하는 말과 행동의 양상이 다를 것이다. 독친과 득친을 지배하는 10가지 법칙을 통해 독이 되는 부모와 득이 되는 부모의 차이를 살펴보자.

생존의 법칙 vs 자아성장의 법칙

인생을 살아가는 방향이 어떠하냐에 따라 삶의 방식이 달라진다. 엄마가 살아가는 삶의 방향이 생존에 맞추어져 있다면 엄마는 '생존의 법칙'에 따라 살게 된다.

생존의 법칙을 따라 사는 사람의 가장 큰 특징은 '살아남기'가 목적이라는 것이다. 엄마가 살아남기를 목적으로 살아갈 때 아이를 교육하는 방법도 살아남기가 목적이 된다. 공부를 시킬 때도 어떻게 하면 살아남을 것인가에만 초점을 맞춘다. 그래서 아이가 하고 싶은 공부보다는 어떻게 하면 사회에서 더 잘 살아남을 수 있는지를 고민하며 아이가 하고 싶어 하고 잠재 능력을 발휘할 수 있는 공부보다는 앞으로 유망한 직업을 목표로 아이를 교육한다.

이렇게 되면 원하지 않는 공부를 억지로 해야 하는 아이는 엄마에게 저항하고, 엄마는 저항하는 자녀를 억지로 끌고 가야 하기 때문에 서로 힘들어지는 관계가 되며 이것이 서로를 불행하게 만드는 씨앗이 된다.

반면에 '자아성장의 법칙'으로 살아가는 엄마의 특징은 '잠재력 계발'을 인생의 목표로 한다는 것이다. 어떻게 하면 엄마인 자신과 아이가 타고난 잠재 능력을 계발하면서 살아갈 것인가에 초점을 맞추기 때문에 아이의 잠재 능력이 무엇인가를 파악하여 계발할 수 있도록 교육한다. 이 방법은 아이도 원하는 것이므로 엄마와 아이는 서로 만족하는 관계가 된다.

이러한 특성으로 말미암아 생존의 법칙으로 살아가는 엄마와 아이는 불행하게 살고 자아성장의 법칙으로 살아가는 엄마와 아이는 서로 만족하고 배움을 즐기며 행복하게 산다.

성공지향의 법칙 vs 성취지향의 법칙

생존의 법칙으로 살아가는 엄마는 살아남기가 목적이므로 수단과 방법을 가리지 않고 성공을 추구한다. 아이를 성공시키기 위해 경쟁을 유도하며 남을 배려하지 않고 함께 살아가기 힘든 아이로 만들어 결국 이기적이고 사회에 득이 안 되며 심지어는 해악마저 끼치는 아이로 키운다. '성공지향의 법칙'에 따라 사는 이런 아이는 비록 성공할지는 모르지만 생의 마지막 순간에 공허함을 느낄지도 모른다.

성공은 타인과의 경쟁에서 승자가 차지하는 것이므로 성공하기 위해서는 반드시 경쟁이 수반된다. 경쟁의 법칙은 어느 누구도 승자가 될 수 없는 패배로 끝나는 게임이다. 끊임없는 욕망으로 인해 행복에 다가갈 수 없기에 나이가 들면 인생은 후회와 슬픔으로 장식된다.

집단따돌림 전문 연구가 야마모토 고헤이_{Yamamoto Kohei} 교수에 따르면 일본은 1960년대 경제 성장기를 거치면서 경쟁교육이 확산되었고 그로 인해 집단따돌림, 학교 폭력, 자살 등 학교붕괴라는 심각한 사회문제가 야기됐다고 한다. 또한 그는 오늘날 한국 사회의 경쟁주의 교육도 그러한 폐단이 얼마나 무서운가를 말해주고 있다고 지적한다. 경쟁주의 교육은 아이들에게 인간의 존엄성마저 무시해도 되는 사람, 가치가 없는 사람도 있다는 생각을 갖게 만든다는 것이 문제이다.

반면에 자아 성장의 법칙을 따라 아이를 키우는 엄마는 아이의 잠재력을 계발하는 데 초점을 맞춘다. 그래서 남들과의 경쟁보다는 아이가 어제보다 오늘 얼마나 더 성장했는가에 관심을 가지고 '성취지향의 법칙'을 따라 살아가도록 돕는다. 이런 엄마의 아이는 남들을 배려하고 서로 도우며 살기 때문에 사회에 득이 되고 남들의 칭송을 받으며 스스로 만족하고 후회하지 않는다.

성공이란 욕망이고, 욕망이란 만족이 없어서 도달해도 언제나 배고픈 상태이므로 늘 허전하고 허탈한 느낌을 지울 수가 없다. 아이의 마음을 진정으로 행복하게 만드는 것이 교육이라면 성취지향의 법칙을 따르는 것이 공심에 의한 교육에 더 가깝다고 할 수 있다. 행복하게 살기 위해서는 자신만의 목표를 정하고 매 순간 성취의 기쁨을 가질 필요가 있다. 결국 진정한 교육은 아이의 마음을 행복하게 만드는 것이며 엄마는 이를 돕는 사람이어야 한다.

결과지향의 법칙 vs 과정지향의 법칙

성공지향의 법칙을 따라 사는 엄마는 결과를 중요시하므로 '결과지향의 법칙'을 따른다. 결과만 좋으면 다 좋다는 식이다 보니 수단과 방법을 가리지 않아서 도덕불감증이나 상식이 통하지 않는 방법도 거침없이 따른다. 교육에서도 아이의 성장보다는 좋은 대학의 졸업장만 따면 된다는 사고방식을 가지고 있으며 사교육 열풍도 이런 사고에서 나온 폐단이다.

이렇게 성장한 아이는 대학에 가서도 자격증 따기에 급급하여 학문의 즐거움을 알기보다는 대학을 취업하기 위한 관문 정도로 생각하기 때문에 진정한 앎에 도달하기 어렵다. 얼마 전 토플 시험지가 유출되어 국제적 망신을 당한 것도 다 이런 사고방식에 그 근원이 있다.

결과를 지향하는 엄마는 교육의 진정한 목적을 뒤로 한 채 눈앞에 보이는 단기 목표에만 몰두함으로써 정작 가르쳐야 하는 것을 간과한다. 뿐만 아니라 목적을 위해서는 수단과 방법을 가리지 않아도 된다고 가르치는 비교육적 상황을 초래하기 때문에 결과적으로 아이에게 삶의 지혜와 도덕을 가르치지 못하고 아이를 암묵적인 범죄자로 사회에 첫발을 내딛게 만든다.

반면 성취지향의 법칙에 따라 사는 엄마는 아이의 성장에 무게를 두기 때문에 결과보다는 과정을 소중히 여기는 '과정지향의 법칙'을 따른다. 엄마는 성적보다는 아이가 모르는 것을 알게 됨을 기뻐하고, 각 교과를 통해 진리에 다가가기를 원한다. 따라서 아이 역시 공부는 지겹고 힘든 것이라고 생각하기보다는 배움을 터득하는 즐거움으로 느낀다. 이러한 학문의 즐거움은 아이가 '평생 학습자'의 길을 가는 초석이 된다.

아이는 성장하는 과정 속에 인생에서 배워야 할 덕목(인내, 성실, 노력 등)을 알아가므로 공부를 통해 인성을 쌓을 수 있고 결과적으로는 사회가 원하는 인재가 된다. 세상은 신기하리만큼 사회가 원하는 인재가 숨어있어도 알아보는 눈을 갖고 있어서 성공을 추구하며 성장한 아이보다는 성취를 목표로 성장한 아이가 더 성공할 수 있다. 이것은 우리가 세상을 살아가는 데 '선이 승리한다'는 믿음을 가질 수 있는 근거가 된다.

부모는 자녀에게 무엇을 가르쳐야 하는가? 사회는 서로가 지켜야 하는 규칙이 있기 때문에 질서정연하게 돌아간다. 누구나 인정하는 규칙이 상식이고 도덕이다. 이것을 가르치기 위해서는 매 순간 집중해야 한다. 우리가 도달할 수 있는 진리는 삶을 통해 펼쳐지기 때문에 삶의 과정마다 성실히 가르칠 때 비로소 아이는 상식적인 인간, 도덕적인 인간이 되어 사회의 질서를 유지하고 전달하는 건강한 어른으로 성장해나갈 수 있다. 우리가 원하는 건전한 사회는 이 아이들로 담보되는 것이다.

효율성의 법칙 vs 시간의 법칙

결과만을 지향하는 엄마는 빠른 시간 안에 성과를 내야 한다고 생각하기 때문에 시간이 걸리는 것을 견디지 못한다. 따라서 아이를 기르고 교육하는 데도 '효율성의 법칙'을 따른다.

효율성의 법칙이란 가장 시간을 적게 들여 아이를 양육하고 교육하는 것이다. 시간이 드는 것을 못 견뎌 하는 엄마는 아이의 먹거리도 인스턴트 음식을 마다하지 않는다. 아이를 교육하는 데도 시간을 들이지 않기 때문에 공부의 의미가 무엇인지, 왜 공부를 해야 하는지, 공부하는 방법에는 어떤 것이 있는지 차근히 가르치지 않는다. 뿐만 아니라 아이가 가장 빨리 공부하도록 하기 위해 명령하고 강요하고 윽박지르고 심지어는 교육이라는 명목하에 체벌도 가한다.

그러나 다시 한번 강조하지만 사랑이란 엄마가 가진 시간을 자녀에게 내어주는 것이다. 효율성을 목적으로 자녀를 양육하고 교육하는 엄마의 아이가 엄마에게서 사랑을 느끼지 못하는 것은 이 때문이다. 교육은 삶의 과정 그 자체이지 경제적으로 잘살기 위한 준비 과정이 아니다. 그런데도 효율성을 지향하는 엄마는 가장 적은 시간을 들여서 성적을 높이는 것을 목표로 삼는다. 그런데 이 엄마의 아이는 시험범위보다 더 많이 공부하면 큰 손해를 본다고 생각한다. 적당히 공부하는 것을 효율적인 학습으로 오해하는 것이다. 하지만 안일한 공부는 게으름을 피우는 것보다 조금도 나을 게 없다. 적당히 공부하는 것은 학습량을 줄인 것이 아니라 자신과 타협한 것일 뿐이고 공부를 통해 오히려 요령만 익히는 꼴이다.

　반면에 아이에게 자신의 모든 시간을 내어주며 양육하고 교육하는 엄마는 '시간(사랑)의 법칙'을 따른다. 이 엄마는 아이의 먹거리도 다소 번거롭지만 가급적이면 오랜 시간이 걸리는 발효 식품과 같은 웰빙 음식을 주며, 아이의 교육에 임하는 자세도 기본부터 천천히 가르친다. 이 엄마는 공부를 수단시하지 않으므로 서두를 일이 없다. 그래서 공부부터 시키는 것이 아니라 아이의 정서를 먼저 생각하고 아이의 몸이 공부할 준비가 되어있는지부터 헤아린다. 공부란 머리로 하는 것이 아니라 몸과 정서가 한다는 것을 알기 때문이다.

　사실 공부는 에너지가 가장 많이 드는 작업이므로 아이의 학습 에너지가 누수되지 않는 방향에서 출발해야 한다. 아이의 정서가 불안하거나 공부할 몸으로 습관이 안 되어있는 아이들은 공부를 할 수 있는 에너지가 누수된 상태이다. 따라서 이 유형의 엄마는 아이의 에너지를 먼저 점검하고 모으는 작업부터 시작해야 한다. 공부 에너지는 엄마의 사랑으로 충전되어야만 쓸 수 있기 때문이다.

그러므로 엄마는 공부하라고 아이를 윽박지르거나 명령, 체벌을 하지 않으며 가급적 아이가 스스로 움직일 수 있도록 오랜 대화를 통해 내적동기를 불러일으켜야 한다. 이 방법이 오래 걸리기는 하지만 가장 확실한 방법임을 알기에 지름길로 가려고 하지 않는다.

공부란 주도적으로 할 때 가장 효과가 큰 법이다. 공부를 주도적으로 하는 아이로 키우는 것은 엄마가 내어주는 시간, 즉 사랑의 양이 클 때 가능하다. 그래서 이 엄마가 택하는 방법 중 하나가 입으로 공부하라고 하는 대신 엄마 스스로 공부를 하는 것이다. 엄마가 먼저 공부하는 모습을 보여줌으로써 아이를 공부할 수 있는 유전자로 바꾸는 것이다.

인간의 마음과 태도, 신념은 유전자를 바꿔나간다. 이 반응이 빨리 일어나면 '생체 자기제어'라 하고, 천천히 일어나면 '정신신경 내분비 면역학'이라고 한다. 세대를 거쳐 일어나면 '진화' 또는 '돌연변이'라고 한다.

공부하는 엄마의 몸과 마음의 진화는 문화적 유전자meme가 되어 자녀의 유전자를 바꾸어 손자에게까지 유전된다. 공부하는 엄마는 자녀는 물론 손주의 유전자도 바꾸어 집안 대대로 공부할 수 있는 가문으로 만드는 진정한 살림꾼이다.

이처럼 엄마가 내어주는 시간 중 가장 긴 시간을 요하는 것이 공부하는 엄마의 삶을 내어주는 것이다. 엄마가 공부하는 삶이야말로 아이를 공부하게 만드는 가장 확실하고 가장 빠른 방법이기 때문이다.

등가교환의 법칙 vs 순환의 법칙

지구상의 모든 존재는 자연의 법칙을 따른다. 자연의 법칙은 다름 아닌 '순환의 법칙'이다. 이것이 원인이 되어 바로 결과가 나온다기 보다는 기간을 두고 나타나지만 반드시 원인이 있어 결과가 순환이 된다는 것이다.

대부분의 경우 짧게는 1년을 기준으로 변화되는 것이 자연이다. 그러나 인간은 더 오랜 기간에 걸쳐 순환되기도 한다. 순환의 법칙을 따르는 엄마는 이러한 진리를 깨닫고 있기 때문에 아이에게 바로 결과를 바라지 않는다. 교육을 해도 금방 결과가 나오는 것이 아니라 지금 하는 공부가 아이 인생의 어느 순간 반드시 도움이 될 거라는 신념을 갖고 있으므로 조바심을 내지 않는다.

반면 '등가교환(等價交換)의 법칙♦'을 따르는 엄마는 아이에게 자신이 하는 희생을 강조하며 그만큼의 대가를 바란다. "내가 너에게 얼마나 투자를 하고 내 인생을 얼마나 희생하고 있는데…."라고 강조하며 성적으로 보상받기를 바라는 것이다. 이렇게 키운 아이는 공부를 자신의 삶을 위해, 즉 인간다운 삶을 살기 위해 하는 것으로 여기기보다는 대가를 바라며 공부한다. 그래서 엄마에게 "나 공부 잘하면 뭐 해줄 거야?"라며 원하는 것을 제시하면서 공부를 '기브 앤 테이크'의 수단으로 생각한다.

등가교환의 법칙을 따르는 엄마의 아이는 살아가는 동안 무엇이든 자신이 한 만큼의 무엇과 바꾸려는 성향을 가지고 있기 때문에 주도적인 삶의 태도가 아니라 대응적이고 의존적인 삶의 태도를 지니는 데 문제가 있다.

♦ 같은 가치를 지닌 두 상품의 교환을 말하는 경제학 용어로 마르크스 경제학에서 흔히 쓰인다. 상품과 상품이 교환되는 경우 상품의 가치와 이 가치를 표현하는 화폐량, 즉 가치가 일치하는 교환이 이루어지는 것을 말한다.

불신의 법칙 vs 신뢰의 법칙

30년 동안이나 길가에 앉아 구걸을 해온 거지가 여느 날과 마찬가지로 "한 푼 줍쇼."라는 말을 나지막이 중얼거리고 있었습니다. 거지가 내밀고 있는 낡은 야구모자에 가끔씩 동전이 떨어졌습니다.

그러던 어느 날 한 행인이 지나가다가 거지에게 말했습니다.

"난 가진 게 아무것도 없으니 적선도 할 수가 없구려. 그런데 당신이 걸터앉은 그건 뭐요?"

"이거 말이오? 그냥 낡은 상자일 뿐입죠. 난 늘 이 상자 위에 앉아있었소. 언제부터인지 모르지만 어쨌든 쭉 여기 앉아있었소만…."

행인은 상자를 가리키며 말했습니다.

"그 안을 한 번이라도 들여다본 적이 있소?"

"그건 봐서 뭘 하게요? 안에는 아무것도 없어요."

"그 안을 한 번 들여다보시구려."

행인이 다그치자 거지는 마지못해 상자 뚜껑을 들어 올렸습니다. 그런데 웬일입니까? 상자 안에는 놀랍게도 황금이 가득 차 있었습니다.

— 에크하르트 톨레Eckhart Tolle♦의 《지금 이 순간을 살아라》 중에서

인간의 잠재 능력은 신뢰와 수용의 환경에서 가장 잘 발휘된다. '신뢰의 법칙'을 따르는 엄마는 아이의 잠재 능력을 믿는다. 이런 엄마의 아이는 엄마의 믿음을 에너지 삼아 자신의 잠재 능력을 최대한 발휘하며 산다.

그러나 '불신의 법칙'을 따르는 엄마의 아이는 자신의 잠재 능력을 신뢰하지 못하며 이야기 속 거지처럼 자신이 갖고 있는 것조차 부정하고 보려 하지 않으며 자신의 삶이 불행하다고 생각한다.

엄마가 아이를 불신할 때 가장 많이 하는 것이 명령이나 강요, 체벌 등이다. 엄마 입장에서는 아이를 위한 것이라고 말하지만 이런 말투나 행위의 밑바닥에는 "너는 내가 이렇게 하지 않으면 안 할 아이야."라는 불신이 깔려있다.

그러나 어느 누구도 자신을 불신하는 사람을 신뢰하거나 그 사람에게 보답하지 않는다. 그러다 보니 아이가 그런 엄마를 위해 엄마

♦ 달라이 라마, 틱 낫한과 함께 21세기를 대표하는 독일의 영적 교사이다. 저서와 강연을 통해 모든 문제와 불행의 원인인 '자기 자신'이라는 감옥에서 벗어나 '지금 이 순간의 자유와 기쁨'에 이르는 단순하고 심오한 메시지를 전하고 있다. 저서로 《지금 이 순간을 살아라》, 《삶으로 다시 떠오르기》 등이 있다.

가 좋아하는 행동이나 공부를 안 하려 드는 것이다. 사람은 나를 사랑해주는 사람을 위해 무언가를 하려는 특성이 있기 때문이다. 이런 아이는 심하면 엄마가 좋아하는 공부니까 안 하고, 엄마가 원하는 거니까 안 한다는 생각을 하게 되어 엄마와의 관계가 소원해진다. 심지어는 엄마가 그토록 원하는 것은 죽어도 안 하겠다는 마음으로 죽음도 마다하지 않는다.

작용·반작용의 법칙 vs 수용의 법칙

　물고기 떼가 500미터 전방에서도 보이지 않는 적을 감지하고 방향
을 바꾸듯 우리 인간에게도 선악을 판단하는 무의식적인 본능이 있
다. 이처럼 아이도 부모의 무의식적인 본능에 의해 부모의 생각과 의
도와 사랑이라고 일컫는 행동 모두를 선과 악으로 판단한다. 그리고
부모의 행동이 선한 동기에서 나온 것이 아닐 경우 저항한다. 저항함
으로써 지금 부모의 행동이 선하지 않음을 알려주는 것이다. 일종의
경고등인 셈이다.

　나는 아이들이 저항하는 경우 얼른 내 행동을 돌아본다. 과연 내가
주는 사랑과 교육이 선한 동기에서 나온 것인지 아니면 사사로운 욕
심에서 나온 것인지를 살피는 것이다. 내 경험에 비추어보면 아이들

이 저항할 때는 예외없이 선하지 않은 동기에서 비롯된 것임을 알 수 있었다. 그러다 보니 아이들이 저항할 때도 서운한 마음은 전혀 없고 오히려 아이들을 저항하게 만든 나를 질책했다.

호킨스 박사에 의하면 우리의 근육 반응은 진실에는 강하게 나타나는 반면 진실이 아닌 것에는 약하게 나타난다고 한다. 아이의 근육 반응 역시 엄마의 의도가 진실된 것일 때는 그것이 혼내는 상황일지라도 강하게 나타난다. 반면 사랑을 주는 순간일지라도 진실을 가장한 어떤 의도가 있을 때는 근육 반응이 약해지며 저항이라는 방식으로 나타난다.

부모의 고유한 생각과 동기는 시간과 공간을 넘어 아이에게 그대로 전달된다. 이 모든 것이 투명하게 관찰될 수 있다는 것은 충격이 아닐 수 없다. 호킨스 박사는 "개개인의 모든 생각과 행동이 우주에 지울 수 없는 흔적으로 남기 때문에 선하지 않은 의도를 우리의 작은 손바닥으로 가릴 수 없다."고 했다.

물리학에서는 질량을 가진 모든 존재는 만유인력의 법칙, 관성의 법칙, 작용 · 반작용의 법칙의 지배를 받는다고 한다. 아이나 엄마도 질량을 가진 존재이므로 이 법칙에서 예외가 아니다. 특히 엄마의 의도, 생각, 감정은 하나의 에너지인데 아이에게 억지로 이 힘이 미칠 때 아이는 작용 · 반작용의 법칙으로 자기 위치로 돌아가 자신을 유지하려는 본능을 지니고 있다. 즉 엄마의 힘이 미치는 것을 작용으로 본다면 아이는 반작용의 힘으로 제자리로 돌아간다는 것이다.

이것을 엄마는 '저항한다'고 받아들인다. 엄마가 아이에게 미치는 힘의 강도에 따라 저항의 강도도 높아진다. 따라서 아이의 반항이 거세다면 선하지 않은 의도의 힘이 아이에게 미쳤다는 것을 받아들여야 한다. 아이가 엄마의 힘에 저항하지 않고 엄마의 힘이 미는 대로 살아갈 때 결과적으로 아이의 자아는 없어진다. 아이의 입장에서 그것은 죽음이나 마찬가지이다.

파커 J. 파머Parker J. Palmer는 "아무리 숭고한 비전이라도 자신의 내부에서 길러진 것이 아니라 밖에서부터 부여된 강제의 것이라면 그것은 심각한 폭력이다."라고 말했다. 엄마가 아무리 아이를 잘 키우기 위한 비전을 가졌다 할지라도 이를 위해 억지힘을 쓰는 엄마의 에너지장은 낮은 의식수준에서 비롯된 것이므로 엄마가 가하는 억지힘의 세기만큼 아이는 그에 대한 반작용, 즉 저항을 한다. 최근 벌어지고 있는 왕따나 학교 폭력, 아이들 사이에 만연된 무기력은 엄마가 가하는 억지힘에 대한 저항의 형태이다.

반면 아이에게 억지힘을 부리지 않는 엄마는 '수용의 법칙'을 따름으로써 아이를 있는 그대로 보고 아이에게 자신의 의도나 생각, 감정을 강요하지 않는다. 따라서 어떠한 작용의 힘도 아이에게 미치지 않으므로 아이는 반작용의 모습인 어떤 저항도 하지 않으며 자랄 수 있다. 수용의 법칙을 따르는 엄마는 아이에게 넓고도 편한 안전지대를 제공하기 때문에 아이는 그 속에서 자신의 의지와 자유를 만끽하며 살아갈 수 있다.

아이가 자신이 원하는 삶을 살기 위해서는 자신의 꿈을 이룰 수 있는 소명을 가져야 한다. 파커 J. 파머는 이렇게 말한다.

"소명은 내가 추구해야 할 목표를 의미하지 않는다. 소명은 내가 들어야 할 내면의 부름의 소리이다. 내가 살아가면서 이루고 싶은 일이 무엇인지를 말하기에 앞서 내가 어떤 존재인지 말해주는 내 인생의 목소리에 귀 기울여야만 한다. 나만의 고유한 정체성을 일러주는 진리와 가치에 귀 기울여야만 한다. 마지못해 따르는 삶의 기준이 아니라 진정한 내 인생을 살기 위해 따르지 않을 수 없는 그런 기준 말이다. 타고난 그릇으로서의 '나'로 살아가고자 하는 인생 말이다."

아이를 잘 기른다는 것은 엄마가 원하는 그림을 그리고 이를 이루기 위해 억지힘을 쓰는 것이 아니다. 오히려 아이의 내면에서 우러나오는 소리에 귀를 기울이고, 이것을 엄마가 인정해주고 감싸 안아줄 때 엄마가 주는 사랑과 교육이 아이에게 전달되어 저항 없이 엄마의 뜻을 수용하는 것이다. 이렇게 될 때 아이의 꿈에 다가갈 수 있는 징검다리인 공부도 내적동기에 의해 할 수 있다.

어린 시절에는 100퍼센트 대응적이다. 즉 아이의 행동이 좋은 행동이든 나쁜 행동이든 부모와 주위 사람들이 아이를 대하는 방식에 따라 다르게 나타난다. 그래서 부모가 아이의 행동에 대해 책임을 수용하기 시작하면 아이가 겪고 있는 어려움을 별다른 저항 없이 해결할 수 있다.

부정의 법칙 vs 긍정의 법칙

병이 빨리 치유되거나 오랫동안 건강을 유지하는 사람은 대부분 삶이 만족감과 기쁨으로 충만한 사람이다. 심지어 그들은 병에 걸려도 삶에 대한 의미를 발견하고 잘 견딘다. 삶에 대한 의미를 어떻게 내리느냐는 각자의 삶에 대한 태도와 같기 때문이다. 긍정적으로 보느냐 부정적으로 보느냐에 따라 '이 우주는 숨을 죽이고 우리의 선택을 지켜보고 있다. 그리고 긍정적인 선택을 하는 순간 우주는 협조적'이 된다고 한다.

신은 우리가 제대로 배울 수 있도록 목표를 달성하려면 반드시 배워야 할 것을 인생 도처에 장애물로 설치해놓았다. 우리는 이 장애물을 통해 배움을 얻어야 한다. 만일 장애물에 맞닥뜨렸을 때 장애물

탓만 한다면 아까운 시간을 허비할 뿐만 아니라 삶의 진정한 의미를 깨달을 수도 없다. 성장의 다음 단계의 문은 배울 것을 배워야만 열리기 때문이다.

우리는 살아가며 실패를 겪는다. 그런데 나폴레온 힐Napoleon Hill은 많은 부자와 인터뷰한 결과 그들이 인생에서 가장 큰 실패를 겪은 다음에 가장 큰 성공을 거뒀다는 것을 발견했다. 사면초가 속에서 '궁즉통'을 한 것이다. 성공한 사람들은 실패란 말을 사용하지 않는다. 그들은 '실패는 성공하는 방법을 배우는 방식'이라고 긍정적으로 생각할 뿐이다.

신의 뜻을 알 수 있는 세 가지 경로는 직관, 우연히 만난 사람이나 정보, 뜻밖의 사건이다. 우리가 필요로 하는 해답을 담고 있는 뜻밖의 사건은 큰 실패나 좌절이라는 모습으로 나타난다. "신이 선물을 보낼 때는 '문제'라는 종이로 포장해서 보낸다."고 노먼 빈센트 필Norman Vincent Peale이 말했듯이 문제가 클수록 선물도 그만큼 크다. 성공한 사람, 행복한 사람들은 가장 어려운 상황에서도 긍정적인 태도를 가지고 배울 수 있는 것, 유익함을 얻을 수 있는 것을 찾았던 사람이다.

결국 생각의 질이 삶의 질을 결정한다. 부정적인 감정을 없애는 방법 중 하나는 남을 향한 비난의 손가락을 나를 향하게 하는 것이다. 즉 모든 일의 원인을 내게 책임 지우는 것이다. 내 책임이 되는 그 순간부터 해결의 실마리가 풀리기 시작하며 나에게 파워가 작동하기 시작한다. 자신의 인생을 스스로 통제하기 시작하고 인생의 주인으로 다시 살아가는 것이다. 부정적인 태도는 두려움에서 비롯된다. 따라서 나를 괴롭혔던 부정적인 감정에서 벗어나야만 비로소 노예가 아닌 주인으로 살아갈 수 있다.

'부정의 법칙'을 따라 살아가는 엄마는 아이에게 배움의 길을 막는다. 엄마가 '긍정의 법칙'을 따라 살아갈 때 아이는 자신의 인생 도처에 놓인 배움을 알아차릴 수 있다.

막힘의 법칙 vs 소통의 법칙

억압형 부모 밑에서 자란 아이는 반항과 적의, 분노 지수가 높은 사람이 된다. 분노 지수가 높아지면 아이의 몸속에 단백질 대사 과정에서 나오는 부산물인 호모시스테인이 점차 많아지는데 이 물질은 혈관을 막히게 해서 심장과 두뇌의 혈관에 문제를 일으킨다.

하수도관이 부식이 잘 되거나 안 되는 것은 물의 성분 때문이다. 부모가 아이에게 하는 감정이 실린 말은 불순물이 섞인 물과 같아서 심장과 두뇌의 혈관에 병을 가져온다. 우리가 언짢은 말을 들었을 때 기분이 나빠지고 심장에 통증이 오고 머리가 지끈거리는 것은 이러한 증상 중 하나이다.

소통의 문제는 대사 작용에도 영향을 준다. 비만인 아이는 음식의 문제도 있지만 소통의 문제를 의심해볼 수 있다. 우리나라에 심장병, 뇌졸중, 치매, 암이 많은 이유는 유교문화에서 비롯된 억압의 영향이다. 따라서 지금 부모가 아이에게 하는 말은 미래에 아이가 걸릴 수 있는 병과 깊은 관련이 있다는 것을 인식해야 한다. 정신신체의학자 허버트 와이너는 주변에 기가 센 사람만 있어도 위궤양이 생길 확률이 높다는 연구 결과를 발표했고 아이의 스트레스는 자가면역장애와 소아당뇨를 유발시킨다고 한다.

최근 주목을 받는 정신신경면역학은 면역계가 마음의 지배를 받는 뇌 신경계와 연결되어있다는 것으로 많은 질병의 원인과 치유가 정신과 관련되어있음을 말해준다. 부모가 아이를 사랑하기 때문에 하는 말과 행동은 결국 아이의 삶에 불순물이 되어 삶을 막히게 하는 결과를 가져온다. 이 불순물을 제거해야만 아이의 삶이 흐르고 아이의 건강도 챙길 수 있다.

사이먼튼 암연구소에서는 암 환자들을 대상으로 분노나 두려움을 제거함으로써 질병을 치유하는 데 이는 결국 인생의 막힘을 풀고 잘 흘러가도록 돕는 방법이다. 정신분석학자 월터 월시는 정신적인 동요가 암의 원인이라고 했고, 제임스 파제도 불안, 실망, 우울을 암의 원인으로 보았다. 호른과 피카드는 중요한 인간관계, 즉 부모와 친밀하지 않은 사람이 암에 잘 걸린다고 했다. 정신분석학자 조이스 맥두걸 또한 강압적인 부모에게 반항하지 못하고 순종했던 아이는 질병과의 싸움에서도 쉽게 자기를 포기한다고 주장했다. 이들은 부모와 자녀 관계에서의 막힘을 암의 원인이라고 보고 있다.

병은 무의식이 의식에 던지는 메시지이다. 사람은 마음이 아파서 몸이 아픈 것이다. 결국 마음이 바뀌어야 질병도 치료할 수 있다. 과학계에서 마음이 물질 상태를 결정한다는 양자물리학의 패러다임이 알려지면서 병이 마음과 몸의 건강과 직접적인 관계가 있음이 밝혀졌다. 부모는 이처럼 자녀에게 나타나게 될 미래의 건강마저 좌우하는 영향력을 가진 존재이다. 단지 발현되는 시기가 몇십 년 후에 나타나기 때문에 그 인과관계를 인식하지 못하는 것뿐이다. 부모가 어떤 마음으로 아이를 키우느냐에 따라 미래에 아이에게 나타나는 결과는 엄청나다고 할 수 있다.

마음을 건강하게 해주는 것이 부모가 주는 어떤 보약이나 진수성찬보다 좋다. 사람의 병을 고치는 데 약을 써서 고치는 '약의(藥醫)'보다 음식으로 고치는 '식의(食醫)'가 고수이고, 이보다 더 고수는 마음으로 병을 고치는 '심의(心醫)'라고 한다. 부모는 자신의 마음을 고쳐 먹음으로써 아이를 위해 심의가 될 수도 있고 아이의 삶을 고치는 명의도 될 수 있다.

부모와 자녀의 관계는 물리적인 것이든 보이지 않는 것이든 끊임없이 소통 체계로 돌아가고 있다. 통하면 살고, 통하지 않으면 죽는 이치와 같다. 몸으로 비유하면 모든 사람의 몸에는 피가 돌고 있다. 그러나 돌던 피에 문제가 생겨 돌연사하기도 한다. 흐름에 문제가 생겼기 때문이다. 자녀와의 관계로 말하면 소통에 문제가 생기는 것이다.

부모와 자녀가 소통이 안 되는 것은 부모의 낮은 의식수준에서 기인한다. 모든 부모와 자녀는 어떠한 상황에서든 소통하고 있다. 그러나 소통의 질에 따라 막히기도 하고 흐르기도 하는 것이며 미래에 건강하게 살지 아니면 병에 걸릴지 결정한다. 즉 '막힘의 법칙'으로 사는 부모는 아이를 죽음으로 치닫게 하지만 '소통의 법칙'으로 사는 부모는 아이를 살릴 수 있다.

죽음의 법칙 vs 생명의 법칙

'죽음의 법칙'을 따르는 엄마는 결국 아이를 죽음으로 몰고 간다. 아이들에게 나타나는 죽음의 현상은 비단 자살뿐 아니라 무기력, 살아있어도 살아있는 상태가 아닌 생명력 상실 등으로 나타나고 극단에 가서는 살기 위해 죽음을 선택하는 아이로 만든다. 사회학자이자 인류학자인 에밀 뒤르켐David Émile Durkheim은 "자살은 사회적 타살이다."라고 말했다. 대한민국이 청소년 자살 1위 국가라는 것은 죽음의 법칙에 따라 살고 있는 엄마가 많다는 의미이기도 하다.

자연계에는 삶의 방향(소생)과 죽음의 방향(붕괴)이 있다. 해산물을 냉장고에 넣지 않으면 썩는다. 이는 죽음의 방향이다. 그러나 발효시키면 삶의 방향으로 전환시킬 수 있다. 이를 자녀교육에 적용하면 발효란 엄마가 정성과 오랜 기다림으로 사랑과 교육을 하는 것이다. 푹 곰삭아야 맛도 나고 영원히 사는 것이다.

농사를 지을 때도 실용주의와 편리함만을 위해 농약을 사용하면 당장 눈앞에 나타나는 효과는 크다. 그러나 상당 기간 지속될 경우 땅은 결국 망가지고 만다. 엄마의 교육에도 농약을 쓸 수 있다. 신속한 해결을 위해 쓰는 명령이나 지시 같은 말이다. 하지만 이러한 말로 교육을 지속한다면 아이는 결국 죽어갈 것이다.

뉴런에 실린 언어는 감정과 결합해서 그 사람의 성격과 인격이 된다고 한다. 부모의 인격은 말을 통해 아이의 인격을 형성하고, 부모의 말은 아이의 사고방식과 지능, 건강마저 좌우한다. 양육 과정에서 언어로 전해지는 성취 압력은 '질병이득Gain from Illness♦'이라는 심리적 현상을 일으켜 각종 질병, 교통사고, 자살까지도 초래한다.

1996년 하버드의대 교수 크레이그 F. 페리스는 가정 폭력에 노출된 아이들의 뇌 구조가 스트레스와 분노에 민감하게 구조화된다는 주장을 〈사이언스〉지에 발표했다. 부모가 아이에게 하는 폭력적인 행동과 말은 최면과 비슷한 효과가 있으며 예언을 뛰어넘는 주술적 암시 같은 각인 효과♦♦가 있다고 한다. 이러한 각인 효과를 스탠퍼드대의 심

♦ 질병으로 인해 본인이 얻을 수 있는 이득. 신체 증상이나 정신 증상에 따라 환자가 직·간접적으로 이익을 얻는 것을 말하며 1차성과 2차성으로 나누어진다. 1차성은 증상 자체를 소망해서 환자가 질병에 의해 심리적 충족이나 안정을 얻는 증상이고, 2차성은 질병이 만성화하면 병적 상태로 인해 이익을 얻는 일이 많아져 증상이 고정되는 것을 말한다.
♦♦ 특정 시기 동안 주어진 자극이나 환경이 기억에 강하게 인식되는 것. 각인은 동물이 태어나서 처음 본 대상에 대한 애착이나 행동양식으로, 오리가 태어나서 처음 본 대상을 엄마오리로 알고 따라다니는 것이 대표적 예이다. 한번 각인되면 잊히지 않고 고정되므로 조직이론이나 광고 등 다양한 분야에서 활용되고 있다.

리학자 클로드 스틸Claude Steele과 조슈아 아론슨Joshua Aronson은 '고정관념의 위협Stereotype threat♦'이라고 부르는데 부모가 무심결에 하는 "너는 틀리다, 너는 나쁘다."와 같은 평가가 아이에게 각인되는 효과를 가져온다는 것이다.

말에는 기가 있어서 아이를 살리기도 하고 죽이기도 한다. 또 말은 치료약이 될 수도 있고 질병을 부르기도 한다. 사람은 말대로 된다. 말에 힘이 있기 때문이다. 부모가 아이를 대하는 태도나 신념, 관점을 바꾸어야 아이를 살릴 수 있다.

♦ 고정관념이란 어떤 집단이나 사회적 범주 구성원들이 갖는 특정한 신념을 말한다. 한 사람의 인상을 형성하는 데 큰 영향을 미치고 선입견이나 편견을 갖게 하며 분쟁이나 극단적인 인종차별 같은 사회문제를 발생시키기도 한다. 이러한 고정관념은 개인의 발달을 가로막고 최선의 성취에 도달하지 못하게 할 수 있는데 이를 고정관념의 위협이라고 한다.

◖ 나는 어떤 엄마일까? ◗

°°° 독친은 어떤 엄마인가?

◆ 부정적 에너지장을 가지고 있다.

◆ 살아남기가 목적(돈, 명예, 사회적 지위)인 삶을 산다.

◆ 독친의 외면적인 힘은 불완전하여 언제나 합리성과 정당성을
요구한다.

◆ 외면의 힘은 분열을 초래하여 승패를 가르고 누군가 지게 되므
로 적이 생겨 늘 방어자세가 필요하다.

◆ 외면의 힘으로 판단하며 나 자신을 비롯해 타인에 대해서도 나
쁜 느낌을 갖게 만들어 분열을 조장하고 승패를 가르는 경쟁 패
러다임을 가지고 있다.

◆ 가족을 방전시키고 파괴적인 삶으로 이끈다.

◆ 일시적인 목표를 가지며 달성 후 공허해진다.

◆ 병의 결과만 고치려 한다.(치료)

◆ 잘되었을 때 자만한다.

◆ 자녀를 의심한다.

◆ 마음 상태가 불안하다.

◆ 문제를 일으킨다.

◆ 복잡하다.

◆ 끊임없는 욕구 때문에 생명과 에너지를 소모시킨다.

◆ 욕심, 집착을 버리지 못하고 끊임없이 욕망에 사로잡혀 있다.

◆ 문제의 원인을 남에게 돌려 문제의 소용돌이에 빠지고 어찌 해 볼 용기도, 힘도 없이 무기력에 사로잡히며 때로는 두려움으로, 때로는 분노로 낙담하고 절망으로 일관한다 .

◆ 모든 일을 억지로 만든다.

◆ 힘을 씀으로써 자녀가 저항한다. 작용이 있으면 반작용이 있는 물리의 법칙이 적용된다.

◆ 망설이고, 모든 길을 열어놓은 미결단의 상태로 에너지와 열정이 모이지 않는 엔트로피의 상태이므로 자녀에게 에너지를 줄 수 없고 자녀의 에너지를 소모하고 소진시킨다.

°°° 득친은 어떤 엄마인가?

◆ 긍정적 에너지장을 가지고 있다.

◆ 잠재력을 발휘하는 삶을 산다.

◆ 잠재력은 그 자체로 완벽하여 정당화 과정이 필요하지 않다.

◆ 가족에게 생명과 에너지를 충전해주어 그 에너지로 삶을 살도록 이끈다.

◆ 잠재력의 힘을 알고 외부의 무엇도 요구하지 않고 자비심과 관

련되어 긍정적으로 느낀다. 저마다의 몫이 있다고 생각하는 승 승의 패러다임을 갖는다.

◆ 잠재력은 자명한 이치이므로 논쟁의 근원이 될 수 없다.

◆ 자녀에게 끊임없는 동기를 부여하여 항구적인 목표를 갖게 한다.

◆ 병의 원인을 제거하려 한다.(치유)

◆ 잘되었을 때 겸손하다.

◆ 자녀를 신뢰한다.

◆ 마음 상태가 평화롭다.

◆ 문제를 해결한다.

◆ 단순하다.

◆ 겸허하게 내맡긴다.

◆ 문제가 나에게서 비롯됨을 알고 나에게서 문제의 실마리를 찾는다. 드디어 인생을 통제하기 시작하는 용기를 가지고 평화와 깨달음으로 간다.

◆ 모든 일이 저절로 되게 만든다.

◆ 수용, 포용, 인정을 해줌으로써 자녀가 저항하지 않는다.

3부

엄마의 작은 변화가 아이의 미래를 바꾼다

1장

자녀와의 관계를
회복하는 10가지 솔루션

엄마의 잘못으로 독친이 되었다면, 그래서 아이가 많이 아팠다면 그 해결의 출발은 단연코 엄마여야 한다. 독친에 의해 엄마 독에 중독된 자녀에게 필요한 해독제 10가지를 살펴본다. 독친에서 득친으로 변화할 수 있는 계기가 될 것이다.

변화의 출발점은 엄마

엄마들을 대상으로 부모교육을 하다 보면 이 강의를 남편이 들어야 한다고 말하는 엄마가 많다. 가정을 변화시키기 위해서는 자신만이 아니라 남편도 듣고 함께 변화해야 한다는 의미이다. 그렇게 말하는 엄마들에게 나는 이런 설명을 해준다.

"모빌에 달린 부속들을 가족구성원이라고 생각해보세요. 모빌은 하나의 줄에 모두 연결되어있지요. 모빌 전체를 움직이기 위해서는 그중 하나만 움직이면 됩니다. 모빌이 가정이라고 볼 때 가족구성원 중 한 사람의 변화만으로도 가족 전체가 변화될 수 있어요. 가정에서 가장 먼저 변할 수 있는 사람 그리고 가장 영향력이 큰 사람은 그 누구도 아닌 바로 엄마입니다. 가정에서 엄마 한 사람만 변해도 가족 모두의 변화를 이끌어낼 수 있어요."

이처럼 가족은 하나의 줄에 연결되어있다. 만약 가정에 문제가 생긴다면 아이들의 잘못이라기보다는 부모의 잘못인 경우가 대부분이다. 그렇다면 가정의 변화를 이끌 사람은 당연히 엄마여야 하고 엄마가 변화의 출발점이어야 한다.

내 잘못으로 독친이 되었다면 그래서 아이가 많이 아팠다면 그 해결의 출발은 단연코 엄마여야 한다. 이제 아이가 많이 아파했던 것을 인정하고 아이의 상처를 어루만져주고 그 출발을 위한 한 걸음을 내디뎌보자. 용기를 내기 위해 부모란 과연 어떤 존재여야 하는지 엄마독을 해독하는 첫걸음은 어떻게 떼어야 하는지 그 방법을 알아보자.

부모는 아이를 독립된 개인으로
존중해야 한다

부모와 자녀는 심리적으로 '독립'해야 한다. 하나로 붙어있으면 부모는 자녀의 인생에 개입과 관여가 늘어나고, 아이는 시간이 흐를수록 엄마의 잘못된 가치관과 인생의 방향에 의존한다. 나의 스승이신 김효선 교수는 이렇게 말씀하셨다.

> "부모가 된다는 것은 아이를 낳고(태교, 생물학적, 의학적), 길러(양육, 교육적) 한 인간으로 잘 살아내도록 내면의 힘을 돕고 부추기는 일이며 이 모든 것이 교육 행위이다. 그러므로 가정은 교육의 장이고, 부모는 교사인 것이다. 아이의 나이가 어릴수록 부모의 교육적 역할은 더 크다. 부모의 교육적 역할은 교육에서 궁극적으로 지향하고자 하는

것과 동일하므로 부모의 교육적 영향력은 어떤 교사보다 강력하다. 부모는 자녀가 교육에 관해 뚜렷한 소신이 없거나 인격적으로 성숙하지 못한 교사에게 배우기를 원치 않지만 그런 교사에게 맡겨진다 한들 1~2년에 그친다. 그러나 이러한 부모 밑에서 자란다면 그 아이는 평생 열악한 교육환경에서 교육을 받는 셈이다. 왜냐하면 부모는 아이에게 '평생담임'이기 때문이다.

고귀한 생명과 다양한 가능성을 가지고 태어난 한 아이의 부모가 된다는 것은 옷깃을 여미게 하는 엄숙한 일이다. 좋은 부모가 되기 위해서는 내가 먼저 '좋은 사람'이 되어야 한다. 그러면 자연스럽게 좋은 부모가 된다. 결국 내가 바로서야 하며, 그러다 보면 좋은 부모, 좋은 직업인은 부수적으로 따라온다.

결혼하여 무방비상태에서 부모가 된다는 것은 안일한 생각이다. 그 상태로 아무런 준비도 없이 아이를 키운다는 것은 '막 키우는 것'과 다름없다. 제대로 된 소신을 가지고 있어야 아이를 잘 기를 수 있으며 흔들리지 않고 끝까지 갈 수 있다. 아이가 이렇게 되었으면 좋겠다고 생각하면 내가 그렇게 살면 된다. 왜냐하면 부모는 아이의 거울이고, 아이는 부모의 뒷모습을 보고 배우기 때문이다."

이런 중차대한 임무를 띤 부모는 왜 독친이 되고 있는 것일까? 그 이유는 아이를 자신의 소유물로 여기는 부모의 그릇된 사고에서 비롯된다.

부모와 자녀의 관계를 보는 두 가지 시각이 있다. 하나는 '입태'이고 다른 하나는 '탁태'이다. '입태'란 부부가 사랑을 하여 자식을 낳는 다는 개념이다. 이런 개념을 갖고 있으면 부부 사이에서 태어난 아이를 내 아이로 본다. 이런 개념을 갖는 순간 부모는 아이를 자신의 의도대로 만들고 싶은 생각이 든다. 이러한 생각에 우리 모두는 뜻하지 않게 독친이 되는 것이다.

이와는 상반되는 개념이 존재하는데 그것이 탁태이다. '탁태'는 아이가 자신이 이승에서 가장 잘 배울 수 있는 부모를 택해 그 부모의 자녀가 된다는 개념이다. 이 개념을 부모가 갖고 있으면 아이를 내 아이가 아니라 나를 통해 많은 것을 배우러 온 또 하나의 독립된 인격체로 여긴다. 이 경우 부모는 어떻게 하면 아이의 배움을 극대화시킬 것인가를 고민하며 아이의 인생에 무작정 개입하는 모습을 자제할 것이다. 부모는 아이가 왜 우리 부부를 택했는가를 생각하면 어떻게 살 것인가를 심각하게 고려한다.

입태 개념을 갖고 있으면 아이를 잘 키워서 남에게 인정받거나 칭송받기를 기대한다. 그러나 탁태 개념을 갖고 있으면 이승에서 부모와 자녀로 만나 서로가 더 많은 배움을 통해서 성장한 모습으로 헤어지는 순간을 떠올린다. 따라서 좋은 부모가 된다는 것은 입태의 개념보다는 탁태의 개념을 가지고 있을 때 가능한 것이 아닐까 생각해본다.

부모의 인생관이 먼저 정립되어야 한다

결국 부모가 된다는 것은 아이가 잘 살게(경제적인 측면이 아닌 인격적인 측면에서) 돕는 것이지 내 삶을 빛나게 하는 것이 아니다. 이렇듯 부모 노릇을 한다는 것은 결코 쉬운 일이 아니며 많은 흔들림이 있게 마련이다. 이때 흔들리지 않고 부모 노릇을 잘하기 위해서는 부모 자신의 인생관이 먼저 정립되어야 한다. 어떻게 이 세상을 살아가야 하는지 방향을 잘 잡아야 한다는 것이다. 인생관이 정립되고 교육을 해야만 비로소 올바른 교육관으로 아이를 가르칠 수 있기 때문이다.

행복과 성공의 기준은 저마다 달라야 한다. 부모가 자신의 생각과 기준을 아이에게 강요한다면 아이를 존중하지 않는 부모이다. 아이는 부모를 미워하지 않는다. 단지 자신을 존중하지 않기 때문에 부모에게 저항하는 것이다. 아이를 존중하지 않는 부모는 아이의 삶이 아이의 것임을 인정하지 않는 부모이다.

우리는 남의 가정에 가서 이래라저래라 하지 않는다. 그 가정을 존중하기 때문이다. 옆집 사는 사람은 존중하면서 내가 가장 사랑하는 아이를 존중하지 않는 것은 이치에 맞지 않는 일이다. 존중한다는 것이 무엇인가? 그것은 그 사람의 삶의 기준과 방식을 인정하는 것이다. 그런데 왜 유독 아이에게만은 부모의 삶의 방식과 기준을 강요하는 것일까?

일류대학, 대기업, 연봉 이런 기준에 못 미치면 아이를 사랑하지 않을 것인가? 그런데 우리는 그렇게 키우고 있다. 성적이 잘 나오면 칭찬하고 못 나오면 혼내는 것은 아이를 사랑하고 존중하는 부모의 태도가 아니다. 성적이 잘 나오면 가장 기쁜 사람은 아이이고, 성적이 못 나오면 가장 슬픈 사람도 아이이다. 아이를 사랑하는 부모는 아이와 함께 기뻐하고, 아이가 기울인 노력을 치하할 뿐 아니라 슬픔도 함께해야 한다. 성적이 안 나오는 것은 안타까운 일일 뿐이지 화낼 일이 아니다. 그리고 공부를 하는 데 어떻게 조력할 것인지 아이와 함께 상의하는 것이 부모의 역할이다. 내 의무는 다하지 못한 채 아이에게 화만 내고 있었던 것은 아닌지 반성해볼 일이다.

엄마가 주는 교육은
엄마의 수준을 넘지 못한다

아이들에게 "엄마는 몇 점이나 되니?" 하고 물으면 대부분 후한 점수를 준다. 아이가 어리면 어릴수록 "100점 만점!" 하고 작은 팔로 큰 원을 그리면서 세상에서 줄 수 있는 최고의 점수를 준다. 그런데 엄마들에게 물어보면 "100점 만점!"이란 대답을 거의 들을 수가 없다. 왜일까? 엄마의 머릿속에는 어떤 생각과 어떤 점수가 떠오르고 있을까?

내가 부모교육 전문가의 길로 들어설 수 있도록 힘이 되어주었던 말이 있다. 바로 "교육의 질은 교육자의 질을 넘지 못한다."이다. 내 아이의 평생담임 역할을 해야 할 나 자신이 아이의 평생담임으로서 과연 자격이 있을까를 심각하게 스스로에게 물었고 나에게서 나온 답은 '아니다.'였다. 그러면 "나는 아이의 평생담임으로서 어떠해야 할까?"라는 물음에 내가 내린 답은 "죽을 때까지 끊임없이 노력해야 한다."는 것이었다.

큰아이가 어렸을 때 "엄마는 죽기 직전까지 무엇을 할 것 같아?"라고 물은 적이 있었다. 뜬금없는 질문에 큰아이는 두 눈을 똑바로 뜨고 그 질문의 의미가 무엇인지 알아내려 했다. 나는 "엄마는 죽을 때까지 공부할 거야. 사람은 살아있는 한 계속 공부해야 하거든." 하고 말해주었다.

나는 이때 아이에게 말했던 답을 실천하려고 노력했다. 매 순간 주제는 달랐지만 공통점은 있었다. 그것은 아이가 던지는 질문에 답을 찾기 위한 것이었고 그것이 바로 나의 삶이었다.

개개인이 모두 진정한 자기다움으로 살 수 있는 세상, 그곳이 배움이 실천되는 학교이며, 세상이 학교라는 생각으로 나는 두 아들을 세상학교로 보냈다. 나는 그저 그들이 지쳤을 때 돌아올 수 있는 안식처, 따뜻한 밥 한 공기 같은 엄마로 그 역할을 하려 했다. 그런데 그런 소박한 나의 결단에 아이들은 끊임없이 질문을 던짐으로써 나를 더 노력하도록 일깨웠다.

큰아들은 내 삶에 언제나 질문을 던지는 아이였다. 초등학생 때는 온몸으로 성적에 대한 질문을 던졌다. 중학생 때는 진로 문제를 던졌고, 고등학생 때는 이과 문과 적성과 진로, 단점과 향상 방향에 대한 질문을 던졌다. 돌이켜보면 그 시절은 아들이 던지는 질문에 답을 내기 위해 고군분투하던 시절이었다. 대학에 가고 군대에 간 아들은 또다시 내게 질문을 던져왔다. 진짜 어른을 만나고 싶다고. 다름을 인정해주고 격려해주는 진짜 어른!

이 말은 나를 포함해 아들 주변에서 진짜 어른을 발견하지 못했다는 선언이었다. 그래서 나는 아들의 말처럼 다름을 인정해주고 격려해주는 진짜 어른이 될 수 있는 길을 찾아 떠나려 한다.

아들은 자신이 생각하는 진짜 어른을 찾아 세상으로 떠났지만 나는 아들이 만나고 싶어 하는 어른과 같은 엄마가 될 수 있는 방법을 찾아 내면의 여행을 떠나려 한다. 우리 둘 다 원하는 것을 찾지 못할 수 있다. 그러나 나는 삶이 배움이고 그것이 세상에 온 이유이며 질문을 던지는 아들과 답을 얻으려는 엄마의 만남은 우리의 필연이었음을 분명히 알고 있다.

엄마는 아이의 평생담임이다

대학원에서 배운 교육사회학 책을 다시 꺼내들었다. 학교를 만든 이유, 기능론과 갈등론은 시험에 반드시 나오는 '영원한 시험문제'이다. 학생 때는 시험을 위해 기계적으로 외웠던 것을 아들로 인해 세상사와 연결해보며 고민하고 삶에 적용하고 있는 나를 발견했다.

가장 훌륭한 공부는 배운 것을 자신의 삶과 연결하여 현명한 답을 내리는 것임을 알고 있었지만 아들은 정말 나에게 그렇게 공부하라고 말한다. 언제나 질문을 던지며 엄마가 배운 것을 나에게 적용해보라고 하고는 자신은 또 멀리 달아난다. 여기에 답을 내리며 내 삶은 지나가고 있다.

그래도 다행인 것은 우리가 아직 소통하고 있다는 것이다. 나는 아직도 아들이 던지는 질문을 알아들을 수 있고, 아들이 던져준 질문에 당황하고 고민하며 해결해보려는 엄마의 모습을 보고 있는 아들이 있음에 감사드린다.

세상의 눈으로 볼 때는 실패로 여겨져도 내가 이룬 것이 있다.

첫째, 아이의 성적보다는 관계를 부여잡고자 했다. 둘째, 지금 당장 성적이 좋은 아이보다는 죽는 그날까지 공부를 사랑하는 아이가 되었으면 하는 바람이 있었다. 셋째, 부모보다 함께 더 오래 살아갈 형제간의 우애가 있는 아이로 키우고 싶었다. 넷째, 운동 하나는 즐길 수 있어서 평생 건강을 도모했으면 하는 바람이 있었다. 다섯째, 단한 번뿐인 인생이란 엄숙한 시합에서 주인으로 자신이 원하는 시합에서 자신의 기량을 마음껏 발휘하는 삶을 살았으면 하는 간절한 바람을 가지고 있다. 남에게 아무리 훌륭해보여도 내 아이가 원하는 삶이 아니라면 단호히 뿌리칠 수 있는 지혜와 용기를 원했고, 지금 그 용기와 지혜를 발휘할 순간에 와있음을 직감하고 있다.

나는 내 아이가 받을 평생교육의 질이 나의 질을 넘을 수 없다는 생각으로 두 아들의 질문에 답하기 위해 살아왔고 앞으로도 그렇게 살 것이다. 그것이 내 아이가 받을 평생교육의 질이기 때문이다.

용서 구하기는
엄마 독을 해독하는 첫걸음

이 세상에 자기 아이를 사랑하지 않는 엄마는 없다. 그러나 엄마가 주는 사랑이 조건적인 사랑이라면 아이는 사랑을 받으면서도 마음의 문을 닫는다. 닫힌 마음의 문을 열기 위해서는 아이에게 '용서'를 구해야 한다.

어떤 엄마는 "내가 어른인데 어떻게 아이에게 용서를 구해요."라고 말하기도 한다. 그러나 '용서 구하기'란 잘못을 인정하는 것이기도 하지만 아이의 닫힌 마음의 문으로 들어가도 되느냐고 간절히 청하는 기도이기도 하다. 이것을 거치지 않고 들어갈 수 있는 문은 없으며 반드시 거쳐야 하는 통과의례이다.

용서는 잘못한 것이 많은 사람 쪽에서 청하는 것이다. 가정에서는 엄마가 아이에게 잘못을 더 많이 하기 때문에 그리고 아이가 어리기 때문에 엄마가 용서를 구하는 것이 맞다. 내가 이렇게 할 수 있었던 것은 두 가지 경험에 의해서이다. 하나는 대학에서 만났던 노교수님의 가르침이었고, 또 하나는 디팩 초프라Deepak Chopra◆의 책을 통해서였다.

어느 날 가까이 지내는 은사님의 연구실에 들렀는데 은사님의 표정이 안 좋으셔서 무슨 일이 있느냐고 여쭈었다. 어떤 학생이 다녀갔는데 자신이 큰 잘못을 저질렀으니 교수님께 잘못을 고하고 용서를 받고 싶다고 말하더라는 것이었다. 어떻게 하셨느냐고 여쭈니 "내가 그 여학생 앞에 무릎을 꿇고 오히려 용서를 구했다."고 말씀하셨다. "내가 정년을 바라보는 나이이고, 죄를 지었다면 그 여학생보다 더 많이 지었을 것이니 죄를 빌어야 할 사람은 그 학생이 아닌 나"라는 말씀이었다. 은사님의 그러한 행동이 당시로서는 굉장한 충격이었지만 이내 머리에서 잊혀져 갔다.

아이가 세 살 무렵 혼자 밥을 먹겠다고 고집을 부려 식사 때마다 전쟁을 치렀다. 옷에는 밥알이 덕지덕지 붙어있고 바닥은 음식물로 난장판이 되어서 식사 준비보다 뒷감당이 더 힘들었다. 아이를 혼내다가 화가 나서 때리려고 손이 올라가는 순간 갑자기 잊고 지냈던 그날의 기억이 떠오르면서 지은 죄가 있다면 저 어린아이보다 내가 더 많

◆ 고대 인도의 전통 치유 과학인 아유르베다와 현대 의학을 접목하여 심신상관의학이라는 분야를 창안한 대체의학의 선두주자이다. 동양철학과 서양의학을 아우른 독창적인 건강론과 행복론을 전해왔으며 자신이 세운 '초프라행복센터'를 중심으로 마음수련법을 전파하고 있다. 저서로 《바라는 대로 이루어진다》, 《마음의 기적》, 《죽음 이후의 삶》, 《신과의 영원한 대화》 등이 있다.

을 텐데 어떻게 아이를 혼내고 때릴 수 있을까 싶었다.

지금 와서 생각하면 아이는 스스로 하겠다는 주도성을 실천하려 했던 것이었다. 이 경험을 통해 아이를 키우는 내내 내가 잘못한 것이 있을 때마다 아이에게 용서를 구할 수 있어서 참 다행이라는 생각이 든다.

다른 하나는 디팩 초프라의 책에 나온 브레넌의 일화 덕분이었다.

> 사람의 오라Aura◆를 치료하여 병을 고치는 대체의학자였던 브레넌은 어느 날 망중한을 즐기다가 옆에 있는 화초의 오라가 푸른빛을 띠는 것을 보고 저 잎을 자르면 오라가 어떻게 변할까 궁금했다고 한다. 그래서 잎을 자르니 잎의 오라가 금방 핏빛으로 물들었고 너무 놀라 잘린 이파리를 손으로 감싸고 자신의 잘못을 뉘우치며 용서를 구하니 잎사귀의 형태는 잘린 모습 그대로였지만 오라가 핏빛에서 다시금 푸른빛으로 돌아오더라는 것이었다.

나는 엄마 독으로 상처를 입은 아이도 잘린 이파리처럼 붉은 핏빛을 하고 있지 않을까 생각해본다. 아이와 살면서 혼내지 않을 수는 없다. 때로는 마음을 할퀴는 말로 아이의 마음에 상처를 내기도 한다. 그러나 용서를 구했던 엄마의 자녀와 용서를 구하지 않았던 엄마의

◆ 에너지의 장이면서 신체 내부의 미세한 생명 에너지의 반영이다. 이러한 에너지들은 사람들로 하여금 주변의 환경과 생활습관에 의해 영향 받도록 한다. 신체의 외곽을 둘러싼 얇고 좁은 띠의 형태를 하고 있으며 우윳빛 안개처럼 보인다.

자녀의 마음 상태는 분명 다를 것이다. 용서를 구했던 엄마의 자녀는 비록 마음에 상처가 났을지라도 다시금 자신의 오라 빛을 찾았을 것이고, 그렇지 못한 엄마의 자녀는 아직도 핏빛으로 물들어 자신의 상처를 스스로 보듬고 힘들어하고 있지는 않을까?

아이는 용서를 구하는 엄마를 존경한다

인간은 누구나 상처를 줄 수 있다. 그러나 엄마가 용서를 구하느냐 구하지 않느냐에 따라 아이의 마음 상태는 많이 다를 것이다. 그러니 엄마는 용서를 구하는 행동으로 아이의 오라를 건강한 상태로 되돌려놓아야 한다.

아이가 부모에게 갖는 가장 큰 불만은 "잘못했다", "미안하다"는 말을 안 하는 것이라고 한다. 그러나 이런 말은 부모도 신이 아닌 평범한 인간임을 시인하는 것이고, 스스로 잘못을 인정할 수 있는 성품과 용기를 아이에게 보여주는 것이다. 또 아이에게 사과한다는 것은 아이에게 했던 모든 말과 행동의 책임이 온전히 부모에게 있음을 인정하는 것이다.

부모는 아이에게 사과를 하면 아이가 더 이상 부모를 존경하지 않을 거라고 걱정한다. 하지만 사실은 반대이다. 자녀는 자신의 잘못을 인정하고 더 나아지기 위해 용기를 내는 부모를 더 존경하고 사랑한다. 그리고 부모가 부모로서의 역할을 더욱 잘 할 수 있도록 더 협조하고 부모를 성장의 길로 안내할 것이다.

부모가 아이에게 상처를 주는 가장 흔한 예는 공부 때문이다. 이것을 해결하는 가장 좋은 방법은 부모가 공부를 해보는 것이다. 어른이 되어서 해도 공부는 여전히 어렵다. 부모가 공부를 하면서 느끼는 고통이나 어려움을 아이에게 솔직히 말해주는 것이 좋다.

"엄마도 해보니 공부가 무척 어렵더구나. 그동안 엄마가 무심코 너의 마음을 헤아리지 못하고 무조건 잘하라고만 강요한 것이 지금 와서 후회되네. 그동안 공부하느라 힘들었지? 그렇게 힘든 공부를 잘하려고 하는 너의 모습을 보니 엄마는 네가 무척 자랑스럽구나."

이처럼 솔직하고 미안한 마음을 표현하는 대화를 하면 이 순간 아이는 그 어떤 공부보다 더 많이 배우고 느낄 것이다.

사랑 먼저 그리고 교육

아이의 입장에서 엄마에게 받는 사랑은 삶의 에너지가 된다. 그 사랑을 에너지 삼아 아이는 엄마에게 받은 교육을 통해 인생의 방향을 잡고 삶의 주인이 되어 살아간다. 따라서 부모는 아이에게 무조건적인 사랑과 수용을 통해 어떤 경우에도 너를 사랑할 거라는 믿음을 주어야 한다.

사랑의 양은 신뢰를 가져온다. 신뢰를 확신하지 못하는 자녀는 끊임없이 자신을 사랑하느냐고 묻는다. 때로는 사랑을 확인하기 위해 잘못된 행동을 하기도 한다. "이런 잘못까지 해도 엄마는 나를 사랑할까?"를 시험하기 위해서이다.

그리고 성장해갈수록 "나를 사랑하세요?"라는 질문은 간접적이고 알아차리기도 어려워진다. 그리고 사춘기가 되면 그 난이도는 절정에 달한다. 그때를 대비해 아이가 어릴 때 조건 없는 사랑, 수용, 존중을 해주어야 한다. 이것이 안 되면 아이와의 사이에 장벽이 생겨 부모는 사춘기 자녀에게 사랑을 전할 수도, 교육을 할 수도 없게 될 뿐 아니라 부모가 아무리 사랑과 교육을 주고 싶어도 아이에게 거부당하고 만다.

그래서 부모는 아이에게 주는 사랑과 교육 중 무엇보다도 먼저 주어야 할 것이 사랑이다. 하지만 많은 경우 사랑을 주기보다는 교육을 먼저 한다. 그것을 교육열로 보아서는 안 된다.

때로는 부모가 아이를 바르게 키우려는 마음으로 교육을 해도 아이가 저항하는 경우가 있다. 예를 들면 아이가 놀이터에서 친구와 놀다가 싸우고 들어와서 투덜거린다.

"다시는 그 친구와 놀지 않을 거야."

그러면 부모는 아이에게 교육적 메시지를 전한다.

"친구와 싸우면 안 되지. 사이좋게 놀아야 하는 거야."

하지만 이 말을 들은 아이는 더 화를 낸다.

"엄마는 왜 친구 편만 들어?"

가정에서 누구나 한 번쯤은 해봤음직한 대화일 것이다. 부모가 틀린 말을 한 것도 아닌데 왜 아이는 부모에게 저항하는 것일까?

교육보다 먼저 공감을

부모는 아이를 사랑하고 교육하는 존재라고 했다. 이 두 가지를 할 때 저항 없이 전달하는 방법이 있다. 그것은 사랑을 먼저 주고 다음에 교육을 하는 것이다. 부모가 아이에게 사랑과 교육을 전할 때 실수를 하는 것은 교육을 먼저 하고 사랑을 그 다음에 주기 때문이다.

아이를 교육하기에 앞서 먼저 아이의 감정을 읽어주고 공감해주어야 한다. 아이가 내 편이 되어주기를 원하면 부모도 아이 편이 되어주는 것이다. 아이 편이 되어주면 아이는 마음이 가라앉힌다. 엄마가 내 기분을 이해해주기 때문에 감정이 수그러드는 것이다. 그것이 사랑이다.

이처럼 엄마의 사랑을 받은 아이는 시간이 조금 지나면 감정과 이성의 균형을 잡아 자신이 왜 싸우게 되었고 그 원인은 무엇이며 자신의 책임은 어느 정도인지 판단하고 스스로 반성하며 친구와 사이좋게 놀 것을 다짐한다. 그러면서 아이는 성장하는 것이다. 그러나 교육을 먼저 하고 심지어는 엄마의 감정까지 보태져 아이와 동감 상태가 되어 아이와 싸운 친구를 원망하는 부모는 사랑의 전달자 역할도 교육자 역할도 해낼 수 없다.

부모는 아이를 사랑하고 교육해야 하지만 교육자 역할을 먼저 하고 싶어 한다. 아이를 잘 가르치고 싶은 마음이 크기 때문이다. 하지만 사랑을 주어야 할 시점에 교육이 먼저 들어가면 부작용이 생긴다. 그 부작용이란 아이 스스로 생각하고 판단해서 반성하고 자신의 행동에 책임지는 아이로 키울 수 없다는 것이다.

　아이는 스스로 답을 찾을 수 있는 위대한 존재이다. 부모는 이 사실을 망각할 때가 있고 이를 부정하기 때문에 사랑보다는 먼저 교육을 하려 든다. 그러나 아이의 위대한 잠재 능력을 믿는 부모라면 교육보다는 먼저 사랑을 주어 스스로 답을 찾고 실천하는 아이로 기를 수 있다.

거짓으로라도 선행하기

사람은 누구나 마음속에 선함의 카드와 악함의 카드를 지니고 있다. 부모도 아이도 마찬가지이다.

부모의 역할 중 하나는 아이가 마음속에 가지고 있는 선함의 카드를 꺼내 쓰도록 돕는 것이다. 사랑과 교육 중 교육을 먼저 하면 아이는 악함의 카드를 사용한다. 그러나 부모가 먼저 사랑을 주는 교육을 하면 아이는 선함의 카드를 사용한다. 즉 아이는 부모가 어떤 카드를 먼저 쓰느냐에 따라 악함의 카드를 사용하기도 하고 선함의 카드를 사용하기도 하는 것이다.

아이가 원하는 엄마는 어떤 모습일까? 엄마가 바라는 아이는 어떤 모습일까? 아이가 원하는 엄마는 조건 없이 사랑해주고, 성적에 상관없이 자신을 인정하고 수용하고 존중해주는 엄마일 것이다. 엄마가 원하는 아이는 말을 잘 듣고 공부든 생활적인 면이든 자신이 맡은 역할을 최선을 다해 열심히 하는 아이일 것이다.

어느 실험실에서 고사리를 채취해 고생대의 환경을 만들어주었다. 그러자 놀라운 일이 벌어졌다. 처음 고사리를 채취해왔을 때는 흔히 보던 작은 고사리였는데 고생대의 환경을 만들어주니 거대한 고사리로 변했다는 것이다.

어떤 환경을 만들어주느냐에 따라 고사리의 모습이 변하는 것처럼 엄마가 아이에게 어떤 환경이 되어주느냐에 따라 엄마가 원하는 아이의 모습으로 변화시킬 수도 있고 그렇지 못할 수도 있다. 엄마가 아이에게 이렇게 클 수 있는 환경을 아직 준비해주지 못했기 때문에 아이는 엄마가 바라는 대로 자랄 수 없는 것이다.

엄마가 원하는 아이는 선함의 카드를 꺼내 쓰는 아이이다. 이런 아이로 만들려면 엄마가 먼저 선함의 카드를 꺼내 쓰면 된다. 아이가 악함의 카드를 꺼내 쓰는 이유는 엄마가 먼저 꺼내든 카드가 악함의 카드이기 때문이다. 엄마가 아이에게 줄 수 있는 최선은 먼저 선함의 카드를 사용하는 것이다.

선함의 카드는 의식수준이 높을 때 사용할 수 있다. 엄마가 아이에게 줄 수 있는 최고의 환경이자 유일한 선물은 엄마 자신의 의식수준을 향상시키는 것임을 잊지 말자. 이를 위해 생활 속에서 실천할 수 있는 것에는 어떤 것이 있을까? 호킨스 박사는 모든 사람에게 친절을 베푸는 것이라고 말한다. 아이는 자신에게 좋은 엄마일 때 엄마를 존경하는 것이 아니라 엄마가 '좋은 사람'으로 살아갈 때 존경한다. 즉 좋은 사람으로 살면 좋은 엄마와 좋은 아내, 좋은 딸, 좋은 며느리는 저절로 되는 셈이다. 내 아이가 이런 모습으로 성장했으면 좋겠다고 생각하면 내가 먼저 그렇게 살면 된다. 엄마는 아이를 변화시킬 중요한 환경이자 외부 태반이기 때문이다.

아이는 부모가 하는 말을 들으며 부모 앞에서 배우지 않고 부모가 하는 행동을 보며 부모 뒤에서 배운다. 만약 아직 내가 좋은 사람이 아니라면 좋은 사람이 될 수 있는 방법이 있다. '위선(僞善)'을 행하는 것이다. 요즘 위선이라는 말은 좋은 의미로 쓰이고 있지 않다. 그러나 이 말이 중국에서 처음 쓰였을 때는 상당히 좋은 의미였다고 한다. 위선이란 지금은 선이 아니지만 거짓으로라도 선을 행하면 어느 순간 선의 에너지장에 들어가게 된다는 것을 의미한다. 좋은 사람이 되기 위해서는 거짓으로라도 좋은 사람처럼 행동하다 보면 어느 순간 좋은 사람이 될 수 있다는 것이다.

거짓으로라도 선한 행동을 할 필요가 있다

지금은 돌아가신 아버지께서 어렸을 때 자주 들려준 옛날이야기가 있다.

옛날에 시어머니가 죽도록 싫은 며느리가 있었다. 이 며느리는 시어머니가 너무 싫어서 용하다는 의원을 찾아가 어떻게 하면 시어머니를 죽일 수 있는지 방법을 알려달라고 했다.

의원은 방법이 있다며 자신이 시키는 대로 하면 시어머니가 돌아가실 것이라고 했다. 의원이 알려준 방법은 잘 익은 감을 따서 말리면 하얀 가루가 나오는데 그 가루가 바로 시어머니를 죽일 독약이니 하루도 거르지 말고 정성껏 대접하라는 것이었다.

며느리는 의원의 말대로 하루도 거르지 않고 하얀 독가루가 묻은 곶감을 정성스레 시어머니에게 드렸다. 그랬더니 이상하게도 돌아가실 줄 알았던 시어머니는 점점 더 건강해졌고 마을 사람들에게 며느리가 날마다 정성껏 챙겨주는 맛난 곶감을 먹고 건강해졌다며 효부라고 자랑한다는 거였다.

이를 알게 된 며느리는 화가 나서 다시 의원을 찾아갔다. 그리고 의원님이 시키는 대로 날마다 독이 든 곶감을 드렸는데도 돌아가시기는커녕 오히려 더 건강해져서 마을 사람들에게 자신을 칭찬하고 다닌다고 하니 어찌된 영문이냐고 따졌다.

그러자 의원은 며느리에게 그래서 어떤 마음이 드느냐고 물었고, 며느리는 시어머니가 칭찬을 하고 다니니 기분이 나쁘지는 않다고 대답했다. 그 말에 의원은 "그동안 마음속으로 미워하던 옛날 시어머니는 이미 죽었지."라며 껄껄껄 웃었다.

그 의원은 미워하는 시어머니에게 거짓으로라도 선한 행동을 하면 결국 선한 며느리가 되는 방법을 일러준 것이었다.

좋은 사람이 되겠다고 결심한다고 해서 금방 좋은 사람이 되는 것은 아니다. 한동안은 거짓으로라도 선을 행해야만 결국 좋은 사람이 될 수 있다. 아이에게도 마찬가지이다. 좋은 엄마는 거저 되는 것이 아니다. 아직은 아니지만 좋은 엄마가 되고 싶다면 위선으로라도 좋은 엄마처럼 행동할 때 어느 순간 좋은 엄마가 되는 것이다. 그때 아이에게 남은 엄마 독이 빠지게 된다.

엄마 중심에서 아이 중심으로

부모는 아이를 기르는 일이 도를 닦는 것과 같다고 한다. 그만큼 어렵다는 말이다. 그중에서도 어렵기로 치자면 아이와 대화하는 것이 으뜸이라고 한다. 부모는 아이와 대화를 나누면 화가 치민다고 하고 아이는 부모와 대화를 하면 답답하다고 한다.

무엇이 문제일까? '소통이 안 되는 것'이다. 부모 입장에서 화가 치민다는 것은 혈관이 막혔을 때 혈압이 오르는 것과 같은 이치이다. 아이 입장에서 느끼는 답답함 역시 뭔지 모르지만 어딘가 막혀 있음을 의미한다. 막혀 있다는 것은 흘러야 할 것이 흐르지 않는다는 것이고 이 상태가 지속되면 양쪽 모두 서서히 죽어갈 수밖에 없다.

그러면 흘러야 할 것은 무엇일까? 무엇이 흐르지 않기에 서로가 막혀 있음을 호소하는 것일까?

부모는 사랑과 교육을 말로 전달하며 이 말에 담긴 의미가 서로에게 전해질 때 그것을 '대화'라고 한다. 그렇다면 부모와 아이가 서로 답답하고 화난다는 것은 막힘을 호소하는 것이며 이는 대화가 아닐 가능성이 크다. 만약 대화라면 부모가 주는 사랑과 교육이 아이에게 전달되어야 한다. 그렇게 되면 아이는 부모의 사랑을 느끼고 교육의 효과가 자녀에게 나타나야 한다. 그러나 현실은 그렇지 않은 것 같다.

식물 기를 때를 생각해보면 이해하기 쉽다. 식물을 사랑하기 때문에 기르는 사람은 열심히 물도 주고 영양제도 잊지 않고 꽂아준다. 그런데도 잎이 시든다면 주인이 주는 사랑과 정성에 문제가 있는 것이다. 주인은 화가 나서 "물도 주고 영양제도 주었는데 왜 시드냐?"고 식물에게 묻고 싶을 것이다. 식물도 주인에게 화가 나서 "내가 원하는 정도의 물을 주기나 했냐고, 나에게 필요한 영양제가 뭔지 알고 있느냐?"고 묻고 싶을 것이다.

둘의 문제는 무엇일까? 주인은 그 식물이 무엇을 어느 정도 원하는지 알려 하지 않고 자신이 주고 싶고 자신이 아는 것만큼만 정성을 쏟은 것이다. 주인은 자신이 원하는 것을 주었고 식물은 원치 않는 것을 받았을 가능성이 크다.

식물은 그렇다 치고 주인은 식물을 위해 무엇을 했어야 할까? 그 식물이 얼마만큼의 물을 좋아하고, 영양제는 얼마 만에 주어야 하는지, 햇빛은 좋아하는지 싫어하는지 등 식물을 사랑한다면 애정을 갖고 기르는 동안 관찰하고 연구했어야 옳다. 그런데 관찰과 연구는 하지 않고 내가 주고 싶은 대로 준 것이 문제이다.

주인은 왜 관찰과 연구를 안 하는 것일까? 시간이 많이 걸리기 때문이다. 식물에 문외한인데도 식물을 잘 기르는 사람들이 있다. 이들의 공통점은 식물에 시간을 많이 투자한다는 것이다. 관찰하고, 연구하고, 추우면 집 안으로 들여놓고, 바람이 좋은 날은 너도 바람 좀 쐬라고 다시 밖에 내다놓는다. 어떤 때는 식물에게 말도 걸어보고 예쁘다고 칭찬도 하고 잘 크라는 덕담도 한다. 이처럼 시간을 들이면 말을 못하는 식물도 보답을 한다. 주인의 정성과 사랑이 식물에게 통하는 것이다. 그러면 잘 자란다. 잘 자라는 식물을 보며 주인은 기뻐하고 보람을 느낀다.

아이가 원하는 사랑을 주어야 한다

아이를 키우는 일도 식물을 키우는 일과 다르지 않다. 지금 아이와의 관계가 힘들다면 아이가 무엇을 원하고 있는지 시간을 들여 관찰하고 아이를 연구해야 한다. 그리고 지금 이 순간 아이가 원하는 것을 주면 된다. 설령 아이가 원하는 것이 내 마음에 들지 않고, 내 판단에 어긋난 것일지라도 아이가 원한다면 일단은 주어야 한다. 욕구는 해결되어야 멈추는 성향을 가지고 있으며 욕구가 만족되었을 때 비로소 이성이 작동하기 때문이다.

그런데 엄마는 아이보다 자기 중심으로 생각하고 판단하고 행동하는 경우가 많다. 그리고 이것을 사랑이라고 말한다. '눈먼 최선은 최악을 낳는다'라는 시의 제목처럼 아이가 원하지 않는 것을 사랑이라는 이름으로 주는 것은 아이에게 최악이 된다.

엄마 독 중 최악은 아이보다 엄마 중심으로 생각하고 저지르는 잘못된 사랑의 독이다. 이 독으로 아이는 엄마가 자기를 사랑하지 않는다고 느끼고 불행하게 산다. 엄마 중심의 사랑의 독을 해독하기 위해서는 '아이 중심'으로 생각하고 아이가 원하는 사랑을 주는 방법을 알아야 한다.

자연의 에너지장에 몸을 맡겨보자

상처받은 아이는 아무리 노력해도 엄마의 힘만으로 안 될 때가 있다. 암에 걸린 사람을 완전히 낫게 하는 방법은 치료보다는 치유라고 한다. 치료는 국소적인 처치나 물리적인 힘을 가하는 것이지만 치유는 스스로의 힘으로 낫는 것을 말한다. 암 환자 중에는 이런저런 치료를 하다가 결국에는 자연으로 돌아가 치유의 길을 선택하는 경우가 많은데 사람이 아닌 자연의 힘에 기대는 것이다.

자연은 인간의 힘이 아닌 신의 힘으로 만들어진 예술품이다. 자연에는 신의 숨결이 담겨있고 신의 에너지와 신의 의식이 깃들어있다. 암 환자들이 자연으로 들어가는 것은 신의 숨결과 신의 에너지, 신의 의식에 공명하여 흐트러진 자신의 의식과 에너지를 바로잡기 위해서이다.

마음에 깊은 상처를 가진 아이를 인간인 엄마의 힘으로 바로잡기 힘들 때 자연의 힘에 기대어보자. 자연은 모든 것을 품는 능력이 있다. 분노와 슬픔을 전해도 언제나 침묵의 응원을 보내준다. 그리고 아주 천천히 자연의 숨결과 호흡을 맞추라고 한다. 모든 것이 자연의 시계에 맞춰지면 인간이 내뿜는 화와 같은 나쁜 에너지를 삼켜버린 채 자연의 에너지를 내어준다.

아이와 더 이상 벽을 넘을 수 없는 상황이라면 아이 손을 잡고 자연으로 가보자. 자연의 품에 안겨 엄마와 아이의 상처를 드러내고 아무 말도 하지 않고 자연의 시간이 가는 대로 몸을 맡겨보자. 인간의 욕심은 세상에 맡겨둔 채 자연이 순환하는 1년이라는 시간을 보내면 어느새 아이와 엄마 모두 치유의 길로 접어들었음을 깨닫게 될 것이다.

아이와 함께할 수 없다면 엄마 먼저 시작해보자. 아이에게 엄마는 자연이다. '자연의 에너지장'에 맞춰 엄마의 에너지장을 바꾸는 것이 중요하다. 엄마는 아이에게 외부 태반이므로 엄마가 가진 에너지장이 어떠하냐에 따라 아이에게 그대로 전사되기 때문이다.

이것이 가능한 이유는 우리 모두는 물로 되어있기 때문이다.《물은 답을 알고 있다》를 쓴 에모토 마사루Emoto Masaru♦는 인간의 몸은 70퍼센트가 물이며, 인간이 형성되는 최초의 시기인 수정란 때는 99퍼센트

♦ 인간의 생각이 물에 전달되면 물이 얼었을 때 그 결정의 모양이 아름다워지거나 추해진다는 주장으로 널리 알려진 사람이다. 저서로 《물은 답을 알고 있다》, 《물의 메시지》, 《물은 사랑을 원한다》, 《물의 비밀》 등이 있다.

가 물이라고 한다. 막 태어났을 때는 90퍼센트, 완전히 성장하면 70퍼센트, 죽을 때는 약 50퍼센트가 되며, 그렇게 인간은 태어나서 죽을 때까지 거의 물 상태로 살아간다. 물질적으로 볼 때 인간은 물이라는 것이다. 물은 정보를 전사하고 기억할 수 있다. 지구상의 물질 중 가장 전사력이 높은 것이 물이다.

아이들은 물로 되어있고, 엄마가 지닌 의식의 정보, 즉 에너지를 그대로 전사하고 있다. 아이가 무언가 잘못된 방향으로 가고 있다면 그것은 아이 탓이라기보다는 엄마가 주는 의식의 정보에 문제가 있을 가능성이 더 크다. 따라서 아이를 키우는 엄마는 어떻게 살아야 하는지가 바로 드러난다. 아이에게 그대로 전사되는 엄마의 의식을 바로잡지 않고서는 아이의 제대로 된 성장을 기대할 수 없기 때문이다.

자연은 신의 숨결을 담고 있으므로 자연의 섭리를 깨닫고 자연처럼 순리를 거스르지 않고 겸허히 자신이 가진 모든 것을 내어주는 태도를 가질 때 비로소 아이도 자연의 일부로서 신의 숨결처럼 살아갈 테니 말이다.

엄마 독을 해독할 시간이 필요하다

공부 잘하는 아이는 있지만 자신의 생각과 의지대로 자신의 인생을 만들어가는 아이는 드물다. 특히 요즘 더 두드러진 것 같다. 그 이유는 엄마 독 때문에 주도성이 길러지지 못한 탓이다.

주도성이란 내면의 목소리를 들어야 나오는 능력이다. 내면의 목소리는 한가해야 울려나오는데 그러기에는 요즘 아이들은 너무 바쁘다. 내면의 목소리는 조용한 가운데 들을 수 있는데 아이들은 외부의 목소리를 듣기에도 벅차다. 또 내면의 목소리는 정서가 안정된 가운데 들을 수 있는데 요즘 아이들의 정서는 요동을 치고 있다. 이 모든 상황이 내면의 목소리를 들을 수 없는 조건이다.

《피로사회》를 쓴 한병철 교수는 시대마다 그 시대에 고유한 주요 질병이 있다고 주장한다. 박테리아로 인한 질병이 많았던 시대는 항생제의 발명으로 종언을 고했고 바이러스 시대도 면역학적 기술로 졸업했으며 21세기 질병인 우울증, ADHD, 소진증후군Burnout Syndrome◆ 등의 신경성 질환은 '깊은 심심함'으로 해결할 수 있다고 말한다. 21세기 질병은 전염성 질병이 아니라 경색성 질병이며, 경색이란 막혔을 때 오는 것이다. 생각이 막히고 감정이 막히고 소통이 안 되는 데서 오는 질병이다.

엄마가 주는 독은 무언가를 막히게 하여 엄마와 아이 사이의 소통을 방해한다. 이것으로 병이 되었다면 깊은 심심함, 즉 게으름을 피울 시간을 가짐으로써 치유할 수 있다.

아이에게 부모가 주어야 할 선물은 내면의 목소리를 들을 수 있는 한가한 시간과 공간 그리고 자신의 '시간'을 통제할 수 있는 권리이다. 아이에게 시간을 주어 자신의 삶을 성찰하고 생각하고 느끼고 경험할 시간을 주어야 한다. 이것은 엄마가 가장 힘들어하는 일이다. 그러나 아이를 살리기 위해서는 이 방법밖에 없다. 아이는 깊은 심심함의 끝자락에서 드디어 자신과 만나기 때문이다.

이때 내면에서 울리는 목소리는 아이가 자기 삶의 주인으로 살아가도록 이끈다. 비로소 아이는 자신이 태어난 이유와 목적을 깨닫고 자신에게 주어진 삶의 주인이 되는 것이다. 내면의 목소리를 듣지 못

◆ 정신적·신체적 피로로 인해 무기력해지는 증상을 뜻하는 심리학 용어로 번아웃신드롬이라고도 부른다. '번아웃(Burn-out)'은 '타버리다, 소진하다'라는 뜻이며 탈진증후군, 연소증후군으로도 불린다. 우울증과 증상이 매우 비슷하며 소진증후군으로 판정된 사람들이 우울증 진단을 받는 경우도 많다.

하면 삶의 주인으로 당당하게 살지 못하고 타인의 소리에 노예가 되어 살아가며 결국 행복감을 느낄 수 없게 된다. 사람은 내면의 목소리와 외면의 삶이 일치될 때 비로소 행복하게 살기 때문이다.

군 복무는 엄마 독을 제거하는 시기

군대에 간 큰아들이 휴가 나올 때마다 하는 말이 있다. 군대 친구들과 대화를 나누다 보면 군대에 와서 패닉에 빠진 아이들이 많다는 것이었다. 제대한 뒤 무엇을 해야 할지 모르는 친구부터 전공이 안 맞아 고민하는 친구, 휴가 때 PC방에서 휴가 기간 모두를 보내고 오는 친구, 열정과 꿈이 없는 수동적인 삶에 회의를 느끼는 친구, 상사가 시키는 아주 작은 일도 서투르고 힘겨워하는 친구가 너무나 많다는 사실에 자신도 놀랐다고 한다.

나는 아들의 말을 들으며 이런 생각에 잠겼다.

'그래, 아이들이 이제야 그동안 엄마들이 주었던 독을 제거하는 시간을 갖고 있구나. 드디어 아이들이 삶의 주인으로 자신의 삶을 어떻게 꾸려갈 것인지 생각하게 되었구나. 앞으로 그동안 죽었던 감정, 느낌, 욕구, 생각이 살아나면 이 아이들도 판단을 할 수 있고 판단을 할 수 있으면 스스로 내린 선택에 책임지며 살아가겠구나.'

그렇다. 이 나라에서 군대는 아들들에게만 주어지는 특별한 선물일 수도 있다. 엄마 독을 제거하는 시간, 나를 찾는 시간, 주도적으로 살아갈 능력을 살려내는 곳, 아무쪼록 이 나라의 아들들이 군대에 있는 시간을 통해서 그들만의 인생에 주인으로 발걸음을 내딛기를 기원해본다.

그런데 삶을 깊이 성찰하며 내면의 나와 만날 수 있는 귀중한 시간마저 앗아가려는 엄마들이 있다. 아들을 군대에 보내지 않기 위해 모든 수단을 동원하는 엄마들 말이다.

나는 두 아들을 키우면서 늘 이런 말을 했다.

"엄마는 너희들을 사랑하지만 1년 365일 같은 시간에 밥을 줄 수도 없고 일정한 시간에 재우고 깨울 수도 없어. 인생을 살 때 호된 고통이 너희들을 살려내리라는 것을 알면서도 엄마는 마음이 약해서 매일 반복적으로 호된 훈련을 시킬 자신도 능력도 없구나. 그런데 군대는 잘 훈련된 전문적인 교관이 너희에게 인생을 살아가면서 필요한 것들을 체계적인 방법으로 가르쳐주는 곳이야. 엄마는 너희에게 이런 훌륭한 교육의 기회를 주려고 생각하고 있어."

이렇게 아이들이 어렸을 때부터 나는 군에 보내겠다는 의지를 보였다. 그리고 이런 말을 듣고 자란 두 아들은 자연스럽게 군대를 갔다.

어느 해인가 남편 친구 모임에 갔다가 본 광경이다. 남편 친구 중 한 분이 단상에 올라가더니 본인의 아들을 군대에 보낸 이야기를 들려주셨다.

"동기 여러분, 제가 어제 아들을 군에 보냈습니다. 아들이 그러더군요. '아버지! 아버지는 ROTC 출신이니 군에 친구 분들이 많으시겠네요?' 그래서 그걸 왜 묻느냐고 했더니 내 친구에게 말해서 자기를 후방 쪽으로 보내주면 안 되냐고 하더라고요. 그래서 저는 아들에게 이렇게 말했습니다. '그래, 군대에 친구들이 많지. 친구에게 말해주마. 이 아버지는 너를 후방으로 빼줄 능력은 없어도 전방으로 보낼 능력은 된다.' 라고요. 그리고 아주 최전방으로 아들을 보내고 왔습니다."

그러면서 호탕하게 웃으시며 단상을 내려오셨다.

나는 그 이야기를 듣고 아버지의 진한 사랑을 느낄 수 있었다. 우리는 아이들을 사랑한다는 명분으로 나약하게 키우고 있다. 그러나 이 아버지는 나약하기만한 아들이 살아가기에 삶이 너무 위험하니 정글과 같은 삶에서 아들을 살려내기 위해 아니, 살아갈 수 있는 능력을 길러주기 위해 결단을 내렸던 것 같다.

나도 아들을 군에 보내며 그분과 같은 생각이 들었다. 엄마인 나는 아무리 아들을 사랑해도 해줄 수 없는 것을 군대에서는 가르치고 몸에 배도록 훈련시켜준다. 참 고마운 곳이다. 엄마는 아이를 위해 해줄 수 있는 능력과 한계를 알아야 한다. 언제까지 엄마가 아이를 지켜줄 수만은 없기 때문이다.

기다림은 사랑의 또 다른 이름

살아가는 데 가장 중요한 것이 주도성이라고 말했다. 주도성이란 삶의 주인이 되는 것이며, 삶의 주인이란 자신에게 부여된 시간을 스스로 통제한다는 것을 의미한다. 아이의 주도성을 회복시키기 위해서는 온전히 아이의 것인 아이의 시간을 스스로 통제할 수 있도록 돌려주어야 한다.

아마 엄마 눈에는 아이에게 되돌려진 시간이 아이가 게으름피우는 시간으로 보일 것이다. 아이가 게으름 부리는 것으로 판단된 이상 지켜보는 엄마는 초조할 것이다. 내 아이가 게으름 부리는 그 시간에 다른 아이들은 목표를 향해 달려가고 있는 것 같아서 말이다. 그러나 올바른 방향 없이 달려가는 것은 머물며 생각하는 것보다 더 위험하다. 더 멀리 가서 돌아올 내 아이의 삶을 생각하면 어떤 것이 더 지혜로운 선택인지 알게 될 것이다.

사람은 누구나 자신의 삶을 소중히 여기며 잘 살고 싶은 마음이 있다. 아이들도 마찬가지이다. 공부하는 시기에 있는 대부분의 아이는 공부를 잘하고 싶은 마음을 가지고 있다. 따라서 아이를 믿고 시간을 주면 아이는 한동안 쉬었다가 정신이 들 즈음 자신의 삶을 잘 사는 방향으로 가게 하기 위해서는 어떻게 해야 할 것인지 생각한다. 그리고 자신의 능력으로 힘들 것 같으면 엄마에게 도움을 청할 것이다. 도움을 청하는 그 순간이 바로 아이가 회복된 순간이다.

엄마가 아이에게 주는 맹독성의 당근과 채찍은 사랑이라는 이름으로 주는 외적동기이다. 엄마는 아이의 성적을 올리기 위해 때로는 물질적 보상인 당근을 주기도 하고 때로는 가혹할 정도로 혼을 내기도 한다. 심지어는 체벌도 서슴지 않는다. 그러고는 아이를 사랑하기 때문에 아이가 뒤처질까봐 하는 행동이니 어쩔 수 없다고 합리화한다. 그러나 당근과 채찍이 아이의 삶에 일상화되면 될수록 아이의 주도성은 부식되어간다. 그야말로 맹독성이어서 아이가 회복되기가 어렵다.

이러한 맹독에서 해독되기 위해서는 해독기간이 필요하다. 해독기간은 독을 주기 시작한 시기부터 지금까지의 기간을 계산해보면 답이 나온다. 만약 5년간 아이에게 독을 주었다면 적어도 5년의 해독기간이 필요하다.

아이는 퍼진 독에 의해 제정신이 아니므로 정신을 차릴 때까지 지켜보아야 한다. 주도성을 잃었다는 것은 심하게 말하면 뇌사상태와 같은 것이다. 만약 아이가 뇌사상태에 있다면 엄마가 할 수 있는 일이 무엇일까? 안타깝게도 엄마가 할 수 있는 일은 온 마음으로 기도하며 아이가 깨어날 때까지 기다리는 것 외에는 없다. 그동안 아이에게 잘못했던 것을 떠올리고 다시는 그렇게 하지 않겠다고 다짐하면서 말이다. 그 기간은 간절할수록 단축될 것이다.

엄마가 할 수 있는 일이란 이것뿐이다. 아이의 주도성을 회복하기 위해 주도적인 리더가 되는 캠프를 보내고 엄마의 힘으로 학급 회장을 시키는 것은 결코 올바른 처방이 아니다. 이제는 겸허해져야 한다. 아이의 인생에 엄마가 할 수 있는 것은 한계가 있다.

기다림만이 잘못을 되돌릴 수 있다

이렇게 말하는 나에게도 아픈 경험이 있다. 막내가 한글을 배울 무렵이었다. 어서 한글을 가르쳐야 한다는 생각에 그야말로 당근과 채찍을 사용해 아이를 다그쳤다. 내가 주는 독을 아이는 그 작은 몸으로 고스란히 받아야 했던 시절이었다.

아이는 학교에 들어가자 커튼 뒤에 숨어서 숙제를 하고는 내가 숙제한 것을 볼까 봐 얼른 가방에 넣곤 했다. 내 앞에서는 절대로 공부를 안 했다.

그 무렵 나는 좋은 엄마가 되겠다는 일념으로 부모교육을 받기 시작했다. 그 교육을 받으면서 내 방법이 잘못되었다는 것을 깨달았고 아이 몸에 퍼진 독을 제거하기 위해 아이에게 공부하라는 말을 안 했다. 그 이유는 공부로 인해 아이가 상처를 입었으니 더 이상 공부로 상처 주지 않으리라고 결심했기 때문이다. 아이에게 해독의 시간을 주기로 한 것이다.

그렇게 결심한 후 나는 몇 년간 아이에게 공부하라는 말을 안 했다. 공부하라는 말을 목에 걸린 가시처럼 내뱉고 싶었지만 참았다. 그렇게 아이가 4학년을 마쳐갈 무렵이었다.

"엄마, 나도 뭐 좀 가르쳐야 되는 거 아니야? 나도 학원에 좀 보내줘."

그날 나는 알았다. 공부하라는 말을 안 했던 3년간 아이의 몸에서 독이 제거되고 있었다는 것을. 아이는 처음으로 영어학원을 다녔고, 지금은 유치원 때부터 영어공부를 했던 형보다 영어를 더 잘하고 있다.

나는 그때의 경험으로 모든 아이들은 자신의 삶을 잘 가꾸어가려는 마음을 가지고 있으며 엄마가 조금만 기다려주면 훨씬 빨리 달려간다는 것을 깨달았다. 주도성이란 태어날 때부터 가지고 태어나며 훼손되었다면 회복하고 공부하는 것이 시간이 더 절약된다는 것을 절실히 알게 되었다.

엄마도 잘 모르고 잘못을 저지를 수 있다. 그러나 '기다림'만이 그 잘못을 되돌릴 수 있다. 기다림은 엄마가 주는 사랑의 또 다른 이름이기 때문이다

아이의 인생에 보호막이 되어주자

한 개인이 아주 중요한 결단을 내리는 순간에는 가시울타리가 그의 주위에 둘러쳐지게 됩니다. 성서(욥기 1:10)에 처음 언급된 이 가시울타리는 세상에 결정적 영향을 미치는 사람에게 둘러쳐진 신의 보호막을 말합니다. 바로 이것이 있기 때문에 당신은 다치지 않고 또 다칠 수도 없습니다.

누구나 인생에서 결단이 필요할 때가 옵니다. 그리고 당신이 내린 그 결단은 아직 태어나지 않은 세대에게까지 광범위한 영향을 미치게 됩니다. 당신에게서 시작하여 수십만의 사람들에게까지 이어지는 가느다란 줄이 있습니다. 당신의 모범, 당신의 행동, 심지어 당신의 결단 하나가 문자 그대로 이 세상을 바꾸어놓을 수 있습니다. 다시 한번 말씀드리겠습니다. 당신의 결단 하나가 이 세상을 바꾸어놓을 수 있습니다.

— 앤디 앤드루스Andy Andrews◆의《폰더 씨의 위대한 하루》중에서

아이 인생에 도움이 되는 득친으로 살기 위해 엄마가 해주어야 하는 결단은 무엇일까? 그것은 내 아이가 살아갈 세상을 정화하는 것이다. 엄마가 독친으로 살면 나쁜 에너지가 아이에게 미치게 된다는 것은 앞에서 살펴보았다.

엄마 한 사람에게서 내뿜어지는 나쁜 에너지는 먼저 내 아이에게 영향을 미치고 그 영향이 친구들에게 전파되며 나아가 세상을 탁하게 만든다. 따라서 엄마가 아이를 위해 해야 하는 결단은 나쁜 에너지장에서 벗어나 스스로 좋은 에너지, 선한 에너지가 되어 세상을 조금이라도 깨끗하게 바꾸겠다는 용기와 의지이다. 이를 위해 필요한 것은 아이를 위한 '감사와 기도'이다. 독친은 아이에 대한 과도한 기대와 불만과 불신이 낳은 결과이다.

우리는 감사해야 할 것을 얼마나 많이 잊고 사는지 모른다. 병에 걸린 사람은 그 병 이외에는 모든 장기가 건강한 상태로 잘 버텨내고 있음을 감사해야 하지만 오히려 병에 집중함으로써 병에서 벗어나지 못한다. 마찬가지로 엄마도 나름대로 아이에게 불만은 있을 수 있지만

◆ 베스트셀러 작가이자 방송인, 기업 전문 강사로 활동 중이다. 네 명의 미국 대통령 앞에서 여러 차례 연설을 했으며 미국 정부의 요청에 따라 수많은 공직자들을 위해 순회강연을 하기도 했다. 저서로《폰더 씨의 위대한 하루》,《완벽한 폭풍》,《소여턴 스프링스 이야기》등이 있다.

아이의 건강한 측면을 바라보고 감사의 마음을 갖는 것이 중요하다.

아침에 학교에 갔다가 돌아오는 아이는 그야말로 하루의 기적이다. 뉴스에는 그날 일어난 수많은 사건과 사고가 나온다. 아이는 그런 세상에 나갔다가 아무 탈 없이 돌아오는 것이다. 이런 삶 속에 엄마가 가져야 하는 불만은 사치가 아니고 무엇일까?

엄마가 과도한 욕심을 부린다면 어느 순간 이 우주도 화를 낼 것임이 분명하다. 그리고 그 화는 엄마보다는 아이가 입을 확률이 더 높다. 일상에 대한 감사와 봉사, 기도하는 마음은 아이가 겪을 뻔했던 사고와 같은 부정적인 파장을 상쇄하고 아이 인생에 보호막을 쳐준다.

나는 전국을 운전하며 강의를 다녀 항상 조심한다. 그동안 아찔한 순간도 많았지만 잘 비껴갈 수 있었고 사고가 없었던 것은 나의 조심 운전이 아니라 부모님의 간절한 기도 때문이었음을 알게 되었다. 우리는 스스로 잘나서 이 세상을 헤쳐 나간다는 착각 속에 사는 것 같다. 내가 이 순간에 존재하고 살아갈 수 있음이 얼마나 많은 사람의 감사와 기도 때문인지 잊고 지내는 것이다.

어떤 사람은 지상에 고인 나쁜 에너지를 강렬한 힘으로 날려버린다고 생각하면 벼락이나 태풍에 대해서도 감사하는 마음을 가질 수 있다고 말한다. 엄마는 아이에게 다가오는 불행이나 사고와 같은 나쁜 에너지를 감사하는 마음과 기도, 봉사로 상쇄시킬 수 있다. 엄마가 해주는 감사와 기도, 봉사가 아이의 삶에 가시울타리가 되어 나쁜 에너지를 막는 보호막이 되는 것이다. 이 세상의 악과 대적할 힘이 없는 엄마가 아이를 위해 할 수 있는 일은 이것밖에 없는 것 같다.

감사와 기도는 엄마의 모든 독을 해독할 수 있는 강력한 해독제이다. 신은 모든 곳에 신을 둘 수 없어 엄마를 세상에 보냈다는 말처럼 엄마가 주는 모든 독에 해독제를 만들 수 없어 가장 강력한 해독제인 감사와 기도를 엄마에게 준 것은 아닌지 생각해본다.

◀ 통하는 부모 vs 막혀있는 부모 ▶

°°° **자녀와 관계가 좋지 않은 부모의 공통점**

◆ 자녀에게 절대 잘못했다는 말을 안 한다.

◆ 자녀와의 관계를 유지하려는 의지가 없다.

◆ 자녀를 조건적으로 사랑한다.

◆ 자녀를 위해 최소한의 시간만 낸다.

◆ 자녀가 없는 시간에 자신만을 위한 투자를 한다.

◆ 자기 치장에 관심을 둔다.

◆ 자녀의 욕구에 관심이 없다.

◆ 자신을 남과 비교한다.

◆ 자녀를 다른 아이와 비교하고 형제자매와도 늘 비교한다.

◆ 자녀를 가르치려고만 한다.

◆ 자신이 원하는 바를 실현하기 위해 자녀에게 명령한다.

°°° 자녀와 관계가 좋은 부모의 공통점

◆ 자녀에게 잘못했다는 말을 한다.

◆ 자녀와 좋은 관계를 유지하려는 의지가 있다.

◆ 자녀를 무조건적으로 사랑한다.

◆ 자녀를 위해 시간을 낸다.

◆ 자녀가 없는 시간에도 자녀를 위해 무언가를 배운다.

◆ 자아성장에 관심을 둔다.

◆ 자녀의 욕구에 관심을 기울이고 충족시켜주려고 노력한다.

◆ 자신을 사랑한다.

◆ 자녀를 다른 아이나 형제자매와도 비교하지 않는다.

◆ 자녀에게서도 배울 점을 발견한다.

◆ 자녀와 공통관심사를 갖기 위해 무엇을 좋아하고 관심이 있는
    지 관찰하고 대화한다.

2장

엄마가 바뀌면
아이도 바뀐다

부모가 독친에서 득친으로 변화되었을 때 아이는 자존감이 높아지고 삶의
주인이 된다. 또 삶의 의욕과 배움의 동기가 되살아나며 책임지는 삶을 산
다. 그 외에 아이에게 어떤 변화가 나타나는지 살펴보자.

자존감이 높아지고 삶의 주인이 된다

엄마가 독친으로 살아갈 때 가장 심각한 폐해는 아이를 삶의 주인으로 살지 못하게 하고 엄마의 노예로 살아가도록 만든다는 것이다. 모든 아이는 주도성을 갖고 태어난다. 주도성은 아이가 삶의 주인으로서 스스로 생각하고 판단하며 자기가 선택한 것에 책임을 지고 실패를 통해 배움으로써 삶을 성장시킨다.

주도성은 한 개인을 뭐라고 표현할 수 없을 정도로 행복하게 만들기도 하고 죽음으로까지 몰아갈 정도로 불행하게 만들기도 한다. 사람은 주도성이 살아있을 때 행복하며 주도성이 발휘되지 못하는 상황에서는 불행을 느끼고 죽음마저 심각하게 고려한다. 주도성은 아이를 행복한 삶으로 안내하는 기적의 열쇠이다.

그런데 요즘 주도성을 상실한 아이가 많다. 그 이유는 아이들이 조건 없는 사랑을 받지 못하고 스스로 무언가를 하며 느끼는 유능감을 가질 수 없기 때문이다. 주도성의 근원인 자존감이 높지 않으니 아이들은 자아가치를 보전하기 위한 방어 행동을 하면서 삶의 에너지를 성장을 위해 사용하지 못하고 삶을 낭비하고 있는 것이다.

독친인 엄마가 득친이 되면 아이를 무조건적인 사랑으로 대하기 때문에 아이의 자아가치가 살아나고 아이는 엄마가 주는 사랑의 힘으로 유능감을 가지며 자존감 높은 아이로 성장한다.

독친인 엄마의 아이는 자존감보다 자존심이나 자부심을 갖는다. 자존감과 혼돈되어 사용되는 것이 자부심과 자존심이다. 자부심Authentic Pride은 자신의 능력이나 노력에 의한 성과를 통해 일시적으로 생기는 긍정적인 자의식을 말한다. 시험을 잘 보았다거나 대회에서 수상을 했을 때 느끼는 마음이지만 자존감과 일치하지는 않는다. 자존감이 높은 아이는 시험을 못 쳐도 대회에서 수상을 하지 않아도 스스로를 귀하게 여기기 때문이다.

자존심Hubristic Pride은 누구보다 더 부자이고, 누구보다 더 예쁘고, 누구보다 공부를 잘하고 등 다른 사람과 비교를 통해 자신을 인정하는 마음이다. 자존감이 낮은 아이가 자존심이 높은 이유는 친구들과의 비교에서 자신이 제대로 평가받지 못하는 상황을 못 견뎌 하므로 어떤 방법을 쓰더라도 친구보다 비교 우위에 서려고 하기 때문이다.

반면에 자존감이 높은 아이는 자신의 부족한 부분까지 자신의 일부로 받아들이며 있는 그대로 수용하기 때문에 굳이 남과 비교할 필요가 없다. 자존감이 높은 아이가 주도적일 수도 있는 것도 이런 이유에서이다. 주도성이란 자신의 능력에 대해 이해도 하지만 자신의 한계에 대해서도 수용하는 자세를 가지기 때문에 자존감이 올라가면 아이들은 학업이나 자신의 진로에도 관심과 의욕이 많아진다.

자존감이 낮은 아이는 좋은 학벌과 좋은 직업, 부와 권력 등으로 자신의 자아가치를 높이려고 한다. 그러나 이 모든 것을 가졌어도 자존감이 낮으면 행복을 느낄 수 없다. 자존감은 학업성적과 일치하는 것이 아니라 학업에 대한 태도와 더 연관이 있다. "나는 할 수 없어." 가 아니라 "나는 노력을 덜 했어."라는 마음가짐으로 성과가 나타나지 못한 원인을 자신의 부족함으로 돌리는 건강한 아이가 자존감이 높은 아이이다.

건강한 삶을 누린다

몸과 마음이 하나로 연결되어있다는 '심신상관의학(心身相關醫學)♦'
은 양자물리학의 대두로 과학적 근거를 가지고 양자의학으로 많은
관심이 집중되고 있다. 양자역학에 따르면 부모의 양육 방식이 건강
과 직결되는데 그 이유는 부모와 아이 모두 파동으로 이루어졌기 때
문이다.

신체뿐 아니라 부모가 아이에게 하는 말과 시선 심지어 아이에 대
한 생각이나 마음까지도 파동으로 아이에게 그대로 전사되기 때문에

♦ 몸에서 일어나는 각종 질병은 마음과 관련이 있다고 보고 마음과 몸을 하나의 관점에서 파악한다. 모든
병은 마음에서 비롯된다는 데 기본 원리를 두며 인체가 지닌 자연치유력을 증진시켜 치료 효과를 얻고자
하는 통합의학의 분야이다.

부모가 보내는 건강하지 못한 파동은 아이의 면역력을 떨어뜨리는 결과를 만든다. 즉 과거에 어떤 생각을 하고 어떤 음식을 먹었고 어떤 양육을 받았으며 부모가 어떤 마음으로 길렀는가가 현재 아이의 몸을 구성하고 아이의 상태를 말해준다는 것이다.

양육 과정에서 아이에게 장기적인 스트레스가 지속될 경우 '질병 이득'이라는 심리적 현상을 일으켜 각종 질병, 교통사고, 자살까지도 초래한다. 부모가 주는 성취 압력으로 심한 스트레스를 받는 아이의 두뇌는 주의집중이 안 되고, 뇌 신경의 형성과 심장박동의 안정에 문제가 생기며 코르티솔이 과다하게 생성되어 무기력과 만성적인 피로감이 누적되어 시간이 지날수록 각종 성인병과 암, 치매 등이 생길 가능성이 높아진다.

스트레스는 현대사회를 대표하는 질병이다. 최근 통계청 결과에 의하면 15~19세 청소년 대부분이 가정과 학교생활 전반에서 스트레스를 호소하고 있다. 청소년이 느끼는 스트레스 인지율은 성인보다 높으며 여학생이 남학생보다 높다. 스트레스의 원인으로는 부모와의 갈등, 외모, 교우 관계, 가정형편, 선생님과의 갈등 등이며 역시 1위는 공부였다.

스트레스란 외부환경에 적응하지 못할 때 느끼는 심리적 · 신체적 긴장 상태이다. 단기적으로 스트레스를 받을 경우는 면역력이 증강되어 오히려 건강에 도움이 되지만 장기적으로 지속되면 신체적 질환이나 우울을 일으킨다. 밖으로 드러나는 현상, 즉 건강이나 인간관계, 학업, 일에서 보이는 문제는 아이의 내면 상태를 드러내는 신호이다. 만약 아이가 학업에 문제를 보이고 있다면 아이의 마음 상태를 체크해야 하는 이유이다.

스트레스 관리의 선구자인 한스 셀리는 스트레스를 "내적 혹은 외적 자극에 대한 모든 비구체적인 반응"이라고 정의하고 있다. 스트레스는 스트레스적인 상황이 문제의 본질이라기보다는 스트레스에 어떻게 반응하며 책임 소재를 어디에 두느냐가 핵심이다. 인생을 살아가면서 스트레스를 안 받을 수는 없다. 우리가 새로운 것을 배우거나 현실을 받아들여야 하는 상황 자체가 스트레스이기 때문이다. 따라서 스트레스는 그 자체를 없애기보다는 최소화한다는 표현이 더 정확할 것이다.

주도성은 스트레스에서 벗어나는 최고의 처방

스트레스를 최소화하기 위해서는 외부환경이라는 자극에 낙관적이고 긍정적인 태도로 반응하는 것이 중요한데 이처럼 스트레스를 관리의 측면으로 볼 때 관리 주체인 개인이 키를 쥐고 있다. 개인이 스트레스를 어떤 방식으로 생각하고 판단하여 감정과 행동을 선택하느냐에 따라 스트레스도 재편집이 가능하다는 의미이다.

스트레스를 도전과 기회로 여기는 사람은 행복과 건강을 가질 수 있다. 하지만 자신을 스트레스의 피해자로 여기는 사람은 불행이라는 운명에 노예가 되므로 삶의 주인으로 살아가는 주도성의 여부가 스트레스를 해결하는 방법이라고 할 수 있다. 주도성이란 '외부 자극이 어떠할지라도 이에 대한 반응을 긍정적인 방향으로 선택하여 외부 조건을 스스로 통제한다'는 의미이기 때문이다.

주도적인 사람의 삶의 태도는 통제 가능 영역은 통제하고 통제 불가능한 상황, 즉 자신이 어쩔 수 없는 한계에 대해서는 솔직히 시인하고 수용한다. 우리 삶은 외부 자극에 대한 반응으로 구성되며 삶의 질은 자극에 어떻게 반응할 것인지가 결정한다. 자극에 노예가 되어 수동적인 반응만 할 것인지 아니면 자극이 어떠할지라도 주인의 위치를 잃지 않고 긍정적으로 자극을 통제하며 주도적인 반응을 할 것인지에 따라 불행하게 살 수도 있고 행복하게 살 수도 있는 것이다.

삶의 주인으로 산다는 것은 후자의 삶을 사는 것이다. 때로는 선택한 삶이 실패로 보일 수도 있다. 그러나 주도적인 선택을 한 사람은 그 결과가 만족스럽지 못할지라도 스스로 선택했기 때문에 자신의 선택에 책임을 지며, 과정을 충실히 보냈기 때문에 비록 실패했을지라도 행복감을 느낀다.

행복감을 느낄 때 우리 몸은 면역력이 생기고 건강해진다. 병은 평등하게 모든 사람에게 올 수 있지만 병에서 회복되는 것은 주도성을 가진 사람에게만 주어지는 '불평등한 사건'이자 '축복'이 되는 것이다. 따라서 주도성은 이 시대의 질병인 스트레스와 우울에서 벗어날 수 있는, 부작용 없는 최고의 처방이며 주도성을 가진 사람은 건강하게 살 수 있는 근거가 된다.

내 아이가 건강하게 살기를 간절히 바라는 엄마가 아이에게 줄 수 있는 최고의 선물은 주도성을 갖도록 양육하는 것이다. 심신은 하나이고, 주도성은 마음과 몸에 대한 통제력을 가진 상태이므로 득친을 둔 아이의 가장 큰 특징이 '심신'이 건강하다는 것도 이 때문이다.

주도성을 가진 사람은 남 탓을 하기보다는 모든 것이 나에게서 비롯되었다는 생각을 갖고 있으므로 자신의 몸과 마음을 통제할 수 있어서 면역체계가 강화되어 병에 잘 걸리지 않는다. 특히 주도적인 사람은 자신의 삶을 사랑하므로 적어도 자신을 파괴하는 질병(류머티스나 갑상선)에 걸리지 않는다. 설령 병에 걸리더라도 삶을 변화시켜야 한다는 메시지, 즉 변화의 분기점으로 생각하여 삶을 바라보는 패러다임의 전환을 통해 건강을 회복한다. 아이의 건강한 미래를 위해서라도 부모는 아이의 주도성을 반드시 지켜내야 한다. 이는 독친이 득친이 될 때 가능하다.

이런 심신상관의학 이론은 20~30년의 잠복기를 가지고 있어서 이를 증명하기가 어렵지만 아이를 길러본 부모라면 심증이 갈 것이다. 이 이론을 받아들이면 부모는 아이의 미래를 위해 어떤 마음가짐으로 양육과 교육을 해야 하는가가 바로 드러난다.

지금은 고령화사회Aging Society♦를 넘어 고령사회Age Society♦♦로 진

♦ 총인구 중 65세 이상의 인구가 차지하는 비율이 7퍼센트 이상인 사회. 급격한 출산율 저하와 의학 기술 및 생활수준의 향상으로 평균수명이 연장되면서 고령화사회가 등장했다. 고령화는 우리나라를 비롯하여 유럽, 일본 등 선진국에서 주로 나타나고 있다. 저출산의 확대로 생산가능인구는 감소하는 반면 노년 인구는 증가하여 연금, 의료비 등 노년 인구 부양에 대한 사회적 부담이 증가하며 노동력 부족으로 인해 경제성장이 둔화되고 노인 소외, 빈곤, 질병 등의 노인문제도 나타난다.
♦♦ 총인구 중 65세 이상의 인구가 차지하는 비율이 14퍼센트 이상인 사회. 65세 이상 인구가 차지하는 비율이 21퍼센트 이상이면 후기고령사회(post-aged society) 혹은 초고령사회라고 한다. 인구의 고령화 요인은 출생률의 저하와 사망률의 저하에 있으며 고령에 따르는 질병, 빈곤, 고독, 무직업 등에 대응하는 사회경제적 대책이 당면과제이다.

입하고 있다. 건강하게 산다는 것이 매우 중요한 문제로 부상하고 있다. 더 오래 살게 될 아이를 위해 부모가 해줄 수 있는 것은 높은 교육열과 좋은 음식만으로는 부족하다.

삶의 의욕과 배움의 동기가 살아난다

득친 아래 자란 아이는 배움을 통해 일생 동안 성장해나간다. 이 아이는 학교 공부만이 공부가 아니라 삶 자체가 배움이라고 생각한다. 그래서 배움과 삶이 일치하는 아이가 된다. 반면 독친 아래 성장한 아이는 학교 공부만 공부라고 생각하고 점수를 잘 따는 것을 잘사는 것이라고 생각한다. 그러다 보니 체육 점수는 높으나 체력은 안 되고, 역사 점수는 높으나 역사의식은 낮고, 언어 점수는 높으나 의사소통 능력은 떨어지는 기형적인 아이가 많아지고 있다. 그야말로 공부와 삶이 전혀 일치되지 않는 삶을 살고 있는 것이다.

아이는 태어나면서 부모에게 모든 것이 달려있다. 아이는 원래 주도성을 갖고 태어나기 때문에 부모는 아이의 주도성을 훼손하지 않고 스스로 자신의 삶을 꾸려나갈 수 있도록 보존해주어야 한다.

아이는 태어나면서 내 삶은 내가 주도할 것임을 울음으로 알린다. 내 감정과 욕구를 알리는 울음을 통해 엄마라는 환경을 통제하기 시작한다. 아이의 요구에 제대로 응하는 엄마는 아이의 주도성을 살리는 엄마이다. 주도성을 살리는 엄마는 아이의 울음에 적절히 응함으로써 세상이 너를 위해 돌아가고 있음을 증명해준다. 이때 아이는 엄마를 통해 세상에 대한 신뢰를 가지고 자신감과 도전의식이 생긴다.

독친의 엄마를 둔 경우 아이는 자신감을 잃고 무기력한 상태에 빠지며 세상에 대한 불신을 갖는다. 그 예로 시설에서 자라는 아이들은 울음으로 상황을 통제하지 못하기 때문에 무기력에 빠지며 이 상태에서는 새로운 무언가를 도전할 용기를 갖지 못해 발달이 더디고 발달하려는 의욕 자체를 상실한다.

사실 주도성은 '배움의 욕구'이다. 아이는 태어나면서 주도적인 배움의 욕구를 울음으로 표현한다. 엄마, 즉 환경을 통제하는 방법을 울음을 통해 배우는 것이다. 울음은 사람과의 관계를 배우는 소통의 방법이다. 엄마에게서 소통의 방법을 잘 터득한 아이는 자신의 몸과 감각, 주변 사물 나아가 학문과의 소통으로 통제력을 확장해나간다.

영아기에는 감각을 통해 자신과 주변을 통제하는 것을 배운다. 오감을 통해 자신의 느낌과 몸에 대해 배운다. 아이는 누워서 몸을 허우적거리다가 어느 날 자신의 손을 발견한다. 처음으로 이상한 물건을 시각이란 감각으로 보게 된 것이다. 이것이 무엇인지 알고 싶어서 입으로 가져가 빨아본다. 허우적거리던 손을 입으로 가져가는 행위를 통해 몸을 통제한다. 아이의 입장에서 엄청난 배움이다. 손을 발견한 것도 대단하고 그것을 스스로의 힘으로 입에 가져간 것도 엄청난 사건이다. 손을 빨면서 손과 입의 감각이 자신의 몸에 연결되어있음을 깨닫는다. 이것도 또 하나의 배움이다. 이렇듯 주도적인 배움은 자신을 통제하고 주변 환경을 통제하면서 얻는 즐거움이다.

배움의 즐거움을 알아가는 아이들

아이들에게 배움의 동기는 엄마와의 애착 형성 과정에서 자신이 삶의 주인으로 엄마라는 엄청난 환경을 통제하는 것을 배우면서 출발한다. 긍정적으로 애착 형성이 된 아이는 배움의 즐거움을 알고 더 알기 위해 호기심이라는 내적동기가 작동한다. 몸을 가눌 수 있는 상태가 되면 자신의 몸을 통제하며 배움의 동기가 주변으로 확장된다.

태어나서 몇 달이 지나면 아이는 싱크대로 자신의 몸을 움직여간다. 배움의 영역을 넓혀가는 것이다. 누워 있었던 몇 달간 아이의 호기심을 자극하던 곳이었다. 가장 좋아하는 엄마가 주로 있던 장소였고, 달그닥거리는 소리와 맛있는 냄새가 나던 곳, 그곳이 너무 궁금했다는 것을 엄마에게 말해주는 것이다. 어느 날은 엄마가 그곳에서 무언가 하는 소리가 들렸는데 잠시 후 내 입에 맛난 것이 들어왔다.

그것이 뭘까? 엄마는 도대체 그곳에서 무엇을 한 것일까? 궁금하다. 드디어 싱크대에 도착해보니 생전 처음 보는 것들로 가득하다. 하나씩 꺼내 살펴본다. 매일 살펴보다 보니 크기도 다르고, 어떤 것은 소리도 나고, 연결시켜보니 그릇과 뚜껑이 딱 맞는 것도 있다. 너무 신기한 발견이다. 엄마에게 자신이 배우고 발견한 것을 알려주기 위해 그릇을 두들기면서 소리를 친다. 뚜껑을 맞추고는 스스로 잘했다는 듯이 박수를 친다. 이 위대한 배움을 엄마에게 알리는 신호이다. "엄마! 나 이거 알아냈어요!" 하는 외침이다.

이렇듯 아이는 배우는 것을 좋아한다. 배움의 동기인 호기심이 가득하다. 그리고 무언가 알게 되었을 때 정말 즐거워한다. 아이는 외치고 싶었을 것이다.

"나 이렇게 매일매일 세상을 알아가고 있어요! 세상은 배울 것이 넘치는 참 좋은 곳이네요!"

엄마는 그 순간 어떻게 아이에게 반응했을까? 어떤 엄마는 싱크대를 다시는 열지 못하도록 동여맸을 것이고, 어떤 엄마는 아이를 TV 앞으로 데려가서 교육용 비디오를 보게 했을지도 모른다. 심지어는 혼을 내지는 않았는지 초보 엄마이기에 그 순간이 아이의 학습 동기에 엄청난 순간이었는지 모르는 경우가 대부분이다. 지금 이것을 생각하면 마음이 아프다. 엄마의 무지한 행동이 그동안 세상을 알아가고 싶은 아이에게 주도적인 배움의 동기를 얼마나 많이 앗아가고 있었는지 아이는 엄마의 태도를 보며 자신이 무언가 배우려는 행동이 가장 좋아하는 엄마를 힘들게 한다는 것을 알아갔던 것은 아닌지 그래서 엄마를 힘들게 하지 않으려고 배움의 동기를 서서히 접어갔던 것은 아니었을까?

그동안 아이를 키우며 공부를 못한다고, 왜 학습 동기가 다른 아이들처럼 일어나지 않느냐고 아이 탓만 했던 것은 아닌지 스스로에게 물어보아야 한다. 내 아이는 정말 '위대한 주도적인 학습자'였는데 언제부터 주도적인 학습의 의욕이 꺾였던 것일까? 오랜 시간이 흐른 후에야 생각해본다.

내 삶에 책임을 진다

독친의 아이들은 모든 것이 엄마 주도하에 이루어졌기 때문에 자신의 삶에 전혀 책임을 지지 않고 오히려 핑계대기에 급급하다. 반면에 득친의 아이들은 자신의 생각과 의도를 가지고 삶의 주인으로 살아가기 때문에 모든 행동에 대한 책임을 스스로 지려 한다. 이 아이들은 주변 여건을 탓하지 않으며 자극이 오더라도 어떻게 반응할지를 스스로 선택한다. 설령 외부 자극에 영향을 받을 때도 올바른 가치관이나 원칙에 의해 반응하므로 흔들리지 않는다. 또한 어제는 내가 선택한 결과이며, 오늘 나는 새로운 내일을 창조한다는 마음으로 하루하루를 성실히 살아간다.

한 달에 한 번 대학 선배들이 후배들을 위해 강의를 해주는 모임이 있다. 얼마 전 만났던 김옥나 선배님의 강의를 통해 주도성이 얼마나 개인의 삶에 건강과 행복을 가져다주고 책임지는 삶이 건강과 직결되는지 다시 한번 깨달았다.

그날 연사로 오신 김옥나 선배님은 아흔 살이 넘은 분이었다. 강의 공지를 받고 선배님의 연세를 듣고 놀랐고 강의하기에 연로하다는 생각에 큰 기대 없이 참석했다. 그런데 놀랍게도 선배님은 자신의 삶에 대해 말씀해주시면서 한국에서 '최초'라고 붙는 것을 일곱 가지나 들여왔다고 했다.

그날 강의는 '웰다잉'이었다. 김옥나 선배님이 한국에 호스피스 Hospice♦를 최초로 도입했다는 사실도 놀라웠지만 더 놀랐던 것은 70대에 그 일을 했다는 것이었다. 한국에서 70대 여성은 대부분 취미생활이나 건강관리로 시간을 보내지만 선배님은 한국에 없던 것을 최초로 들여왔고 현재까지 호스피스 강사를 배출하고 계신다.

선배님은 죽음을 앞둔 사람의 얼굴이나 막 임종을 마친 얼굴을 보면 그 사람이 살아온 삶을 읽을 수 있다고 했다. 행복한 삶이었는지 아니면 불행한 삶이었는지 그것은 주도성을 갖고 살았느냐 아니냐의 문제라는 것이다. 불행한 삶을 살다가 가는 사람은 마지막까지 남 탓을 하며 세상을 떠난다고 했다. 남 탓을 하는 것은 삶을 주도적으로 살지 못한 사람의 특징 중 하나이다.

♦ 말기 암 환자 등 죽음에 임박한 환자들을 간호하는 의료시설. 연명을 위한 단순한 차원의 수용시설이 아니라 인생의 말기를 맞은 사람에게 육체적 고통을 경감시키고 정신적으로 평안한 임종을 맞도록 하는 데 목적을 두고 있다. 영국의 성(聖) 크리스토퍼 호스피스가 효시이다.

반면에 이승이란 놀이터에서 잘 놀다가는 분들은 '모든 것은 내 탓이었고 나 때문에 고생했다', '감사하다'는 작별인사를 하고 편안한 모습으로 떠난다. 그 모습에 남아있는 사람들의 마음 또한 편해진다. 이런 사람은 주도적인 삶을 살았던 분이다. 주도적인 삶은 자신의 삶에 책임을 지는 삶이기 때문이다.

머리가 똑똑해진다

독친의 아이들은 엄마의 인생을 대신 살아가기 때문에 자신만의 생각이나 감정 욕구 등을 가질 수 없다. 그러다 보니 좀비처럼 엄마가 조종하는 대로 따라가는 삶을 산다. 이는 마치 뇌사상태와 같아서 판단이 마비된 것으로 볼 수 있다.

그러나 득친은 아이를 있는 그대로 수용하고 인정해준다. 득친의 아이들은 엄마가 마련해준 안전지대에서 마음껏 느끼고 생각하기 때문에 이들의 뇌는 생명력을 잃지 않는다. 이 아이들은 자기 삶의 주인으로 살기 때문에 놀이를 할 때나 공부를 하고 자신의 진로를 찾아갈 때도 주도적인 태도를 취한다.

주도적으로 학습을 하면 자신이 가진 능력보다 20~30퍼센트 더 뛰어난 능력으로 공부할 수 있다고 한다. 뇌가 자신이 하는 일의 본질을 온전히 이해할 때 인간은 놀라운 능력을 발휘한다. 최근 뇌과학 분야에서 주도성을 강조하고 있는 이유가 뇌는 남이 시켜서 하는 일보다 자유의지로 스스로 선택한 일을 할 때 더 똑똑하고 더 재미있게 하기 때문이다.

태어나면서부터 부모의 사랑을 듬뿍 받으며 자라 애착 관계♦가 잘 형성된 아이는 정서적으로 안정되어있고, 부모에 대한 신뢰를 토대로 성장한 아이는 뇌의 기억 관련 부위인 해마 부위가 크다고 한다. 해마가 크다는 것은 똑똑하다는 것을 의미한다. 미국 워싱턴의과대학 연구팀은 미국 의학뉴스 웹매거진 〈헬스데이〉에서 3~6세의 미취학 아동 92명을 대상으로 실험한 결과 엄마의 사랑과 관심을 많이 받고 자란 아이는 뇌의 해마 부위가 더 크다는 사실을 보고했다.

만약 자녀가 어떻게 살면 좋을지 딱 두 가지만 들어준다고 하면 엄마는 과연 어떤 소원을 말할까? 아마 아이가 건강하게 살기를 바라고, 또 하나는 행복하게 살기를 바랄 것이다. 아이에게 공부만 강조하던 엄마도 '두 가지만'이라는 주문에는 누구나 이런 대답을 하리라고 생각한다. 만약 여기에 하나를 더 추가하라고 하면 대부분의 엄마는 '공부 잘하는 것'을 들 것이다. 내가 만났던 한 엄마는 이 물음에 첫째도 공부, 둘째도 공부, 셋째도 공부라고 답했지만 말이다.

♦ 생명 유지를 위해 타고난 생존 본능으로 엄마를 포함한 양육자들과의 친밀한 정서적 관계를 의미한다. 애착 이론을 처음 제안한 존 바울비(John Bowelby)에 따르면 정서적인 문제가 있는 아이 대부분이 빈곤, 이혼, 부모의 상실 등 극단적인 어려움으로 엄마와의 관계가 손상되어있었고 80~90퍼센트가 성인기까지 애착 관계 형태가 고정되어 지속된다고 한다.

미래학자들은 몸에 장애가 있어도 앞으로는 살아가는 데 전혀 지장이 없다고 말한다. 우리도 본 것처럼 다리가 하나인 달리기 선수가 우승하는 것과 팔이 없어도 눈동자의 움직임으로 저술 활동을 할 수 있는 시대가 열리고 있다. 인간의 장기를 대체할 과학기술이 속속 나오고 있다. 그러나 뇌만은 이러한 기술도 빗겨가는 기관이다.

미래에는 장애가 있어도 살아갈 수 있지만 뇌에 장애가 있으면 살아갈 수 없다. 뇌에 장애가 생긴다는 것은 주도성을 상실하는 것과 같다. 주도성이 상실되면 살아 있어도 자신의 의지대로 살아갈 수 없기 때문이다.

진짜 꿈을 찾고 자기주도학습을 한다

독친은 아이 인생의 그림을 직접 그리기 때문에 아이는 자신이 원하는 진짜 꿈을 갖지 못하고 엄마가 원하는 꿈을 자신의 꿈으로 착각하고 가짜 꿈을 좇는다. 독친의 아이들은 엄마가 결과지향의 법칙, 성공지향의 법칙, 효율성의 법칙을 따르기 때문에 사교육을 많이 받는다. 사교육은 성적을 올릴지는 모르지만 의존성을 길러 아이가 독립적으로 살아가는 힘을 앗아간다.

사실 아이의 진로는 아이 자신이 가장 잘 알고 있다. 그들이 바로 자기 삶의 주인이기 때문이다. 그러므로 선택은 아이 스스로 해야 하는 것이 맞다. 이런 생각을 가진 득친은 아이의 잠재 능력 계발에 관심이 있기 때문에 아이의 능력을 그대로 인정하고 어떻게 키울 것인가를 고민하므로 아이는 자신이 원하는 진짜 꿈을 찾고 실현하며 산다.

자신만의 진짜 꿈을 갖게 된 득친의 아이들은 자신의 목표에 도달하기 위해 여러 개의 스몰 원Small Win을 설정하고 매진하는데 스몰 원이 학습일 경우가 대부분이므로 진짜 꿈을 갖고 있는 아이는 공부도 잘할 가능성이 커져 자기주도Self-directed학습을 할 수 있는 근거가 된다. 자기주도학습*은 계획을 스스로 세우고 실행하여 반성되는 부분을 숙지해서 다음 계획에 반영하는 방법이다. 아이 혼자 공부하는 것을 의미하는 것이 아니라 어른의 도움으로 스스로 할 수 있는 능력을 갖는 것이다.

득친은 아이와 관계가 좋기 때문에 득친의 아이는 자기주도학습에 필요한 학습 계획이나 학습 습관, 학습 방법을 익히는 데 엄마의 도움을 받을 수 있다. 또한 득친은 아이의 생각과 정서를 보존시켜주었기 때문에 득친의 아이들은 자기주도학습을 할 수 있는 내적동기로 공부를 한다. 자기주도학습을 한 경험으로 자기주도적으로 진로를 개척하고 결국에는 자기주도적 삶을 사는 사람이 된다. 따라서 공부를 잘하고 평생 학습하는 아이로 만들고 싶다면 먼저 아이가 자신의 진로의 주체가 되도록 해주어야 한다.

◆ 학습자 스스로 자신의 학습에서 주도권을 가지고 자신의 학습 요구를 진단하고, 자신의 학습목표를 설정하고, 학습에 필요한 인적·물적자원을 확보하며, 적합한 학습전략을 선택하여 성취한 학습 결과를 스스로 평가하는 과정과 활동을 말한다. 매 순간 변화하는 세상에서 스스로 현명하게 대처할 수 있는 합리적 순발력을 높이는 데 중요한 역할을 한다.

회복탄력성을 갖고 삶에 도전한다

'회복탄력성Resilience'은 제자리로 돌아오는 힘을 의미하는 '회복력'과 힘을 받아 튀어 오르는 '탄력성'의 합성어이다. 심리학에서는 시련이나 고통을 이겨내고 다시 도약할 수 있는 긍정적이고 발전적인 힘을 의미하는 데 사용하고 있다.

원래 회복탄력성은 1950년대 하와이 카우아이섬에서 이루어진 연구에서 발견되었다. 카우아이섬은 풍광이 매우 아름답지만 1950년대 당시만 해도 가난과 질병이 난무했고 주민 대다수가 범죄자, 알코올 중독자, 정신질환자였으며 교육이 제대로 이루어지지 않아 청소년들의 비행 문제가 심각한 곳이었다.

1954년 사회학 분야의 획기적인 연구 프로젝트로 카우아이섬에 태어난 신생아 833명을 대상으로 성인이 될 때까지 추적조사하는 종단연구가 시작되었다. 처음의 야심 찬 의도와는 달리 연구 결과는 상식 수준의 것이었다. 즉 결손가정의 아이일수록 학교나 사회에 적응하기 힘들고 부모의 성격이나 정신적 결함이 있을수록 아이들에게 나쁜 영향을 끼치며 부모나 동료와의 관계가 좋을수록 자율성과 자기효능감이 높다는 연구 결과가 나왔다.

그런데 이 연구에 참여했던 에미 워너 교수는 833명 중 열악한 환경에서 자란 고위험군의 아이 201명 중 문제를 일으키지 않은 72명에 집중했다. 이 아이들이 열악한 환경에서 자랐음에도 불구하고 좋은 환경에서 자란 아이들보다 사회적응을 잘할 수 있게 만들었던 요인이 무엇인지에 대해 관심을 가졌던 것이다. 그 결과는 '회복탄력성'이었다. 그들이 회복탄력성을 가질 수 있었던 공통된 원인은 아이를 무조건 이해하고 수용하며 사랑해주었던 어른이 아이 곁에 적어도 한 사람은 있었기 때문이었다.

회복탄력성이란 인생의 큰 시련이나 실패 앞에 좌절하지 않고 역경을 딛고 일어나는 사람이 지니고 있는 능력이다. 시련은 인생의 스프링보드와 같다. 더 높이 더 멀리 도약하려면 반드시 시련이라는 도약대를 딛고 넘어서야 한다.

독친의 아이는 내면의 힘이 길러지지 않았기 때문에 시련이 오면 금방 좌절하고 새로운 도전을 힘들어하는 경향이 있다. 반면에 득친의 아이는 실패하더라도 격려해주고 사랑으로 감싸주는 엄마가 있기 때문에 시련을 겪어도 금방 다시 일어선다. 워렌 버핏Warren Buffett은

"실패는 당신이 그것을 어떻게 정의하느냐에 달려있다"고 했다. 득친은 아이의 시련을 반드시 어떤 의미가 있기 때문에 겪게 되는 것이라고 의미화시켜주므로 실패를 실패로 여기지 않는 특징이 있다. 그래서 득친의 아이는 실패를 두려워하지 않고 다시 도전하는 용기를 갖고 인생을 도전해볼 만한 시험대로 생각한다.

《부자 아빠 가난한 아빠》를 쓴 로버트 기요사키Robert Toru Kiyosaki는 아들에게 실수나 실패를 한 후 무엇을 배울 수 있는가에 초점을 맞추도록 가르쳤다고 한다. 실패를 자산화하는 것이야말로 도전의식의 근원이다. 진정한 실패란 한 번의 시도에서 성공하지 못하는 것이 아니라 그것을 끝까지 해보는 것을 포기하는 것이다.

아이가 회복탄력성을 갖도록 하기 위해 득친은 가치관 교육을 통해 생각과 판단력이 살아나도록 해주고, 아이의 몸이 깨어나도록 규칙적으로 운동할 수 있는 환경을 조성해준다. 또한 정서교육을 통해 정서가 깨어나도록 도와주고, 아이를 존중해줌으로써 아이의 욕구가 살아나도록 해준다. 이것이 이루어질 때 아이는 앎에 대한 호기심이 생겨 배움에 대한 내적동기가 생긴다. 따라서 독친에서 득친으로 변할 때 엄마가 아이에게 바라는 모든 것이 이루어진다.

시기별·영역별 독친과 득친의 특징

시기별	영역별	독친	득친
전 생애	삶의 태도	대응적인 삶	주도적인 삶
영아기	반응	무기력	유능감
유아기	놀이	의존적	자율적
학동기	학습	사교육 의존	자기주도학습
청년기	진로	거짓 꿈 추구 남 따라하기 스펙 위주	진짜 꿈 추구 스스로 진로 개척 스토리 위주
중장년기	결혼	황혼이혼	새로운 부부관계 정립
노년기	죽음	불평, 불만, 질병	만족, 행복, 건강, 치유

엄마가 변해야 하는 이유

좋은 부모가 되고 싶다고 말은 하지만 그와는 다르게 행동하는 부모들이 있다. 좋은 부모가 되는 방법 중 하나가 '아이에게 시간을 내어주는 것'이다. 그런데도 좋은 부모가 되겠다고 교육을 받으러 와서는 시간이 가장 적게 드는 방법만 물어보는 부모들이 있다.

물론 그렇지 않은 엄마들도 있다. 교육을 한 번 듣고도 놀랄 정도로 변하는 분들을 만나기도 했다. 이들에게 물어보면 "전 정말 이렇게 엄마 역할을 하고 싶지는 않았어요. 전 우리 아이가 행복한 아이가 되었으면 좋겠어요. 우리 엄마처럼 엄마 역할을 하고 싶지는 않아요. 정말이에요."라고 말했다.

나는 이 말을 들으며 강한 에너지를 느꼈다. 이제는 변화해야겠다는 의지, 준비됨, 이것을 '역치'라고 부른다. 임계점에 도달한 상태, 단 한 번의 자극으로도 다음 단계로 변화될 수 있도록 준비된 엄마들이었다. 이러한 에너지, 신념의 상태가 교육과 상담을 효과적으로 만든다.

얼마 전에 만났던 엄마의 이야기이다.

초등학교 1학년 아들을 둔 엄마였는데, 외동이어서 너무 엄격하게 대하다 보니 아이가 주눅이 드는 것 같아 자는 모습을 보면 마음이 아프다고 했다. 나는 그분에게 아이를 대할 때 마음이 아프다는 것은 아이와 엄마와의 관계에서 뭔가 잘못 돌아가고 있음을 의미하는 것이라고 말해주었다. 이 엄마는 정말로 아이를 사랑하며 잘 키우고 싶어 했다. 자신이 아이를 힘들게 한다는 사실을 알고 있고, 자신이 변하지 않으면 아이가 죽겠구나라는 생각도 들었다고 한다.

헤어지고 난 후에도 이 엄마가 머릿속에서 떠나지 않았다. 그토록 변하고 싶어 하는데 도움을 주어야겠다는 생각이 들어 다시 전화해서 "어머니, 지난번 만났을 때 변하고 싶다고 하셨는데 제가 생각하기엔 금방 변하실 것 같아요."라고 말했다. 그렇게 확신했던 것은 그날 아이 이야기를 하며 눈시울을 붉히던 그 엄마에게서 간절함이 느껴졌기 때문이다.

강의를 하다 보면 단어 하나, 문장 하나에도 바로 변화하는 엄마가 있는가 하면 상당 기간 교육을 받아도 전혀 미동도 하지 않는 엄마도 있다. 변화가 빠른 엄마는 강의에 의해 변했다기보다는 이미 변화의 의지를 갖고 있었기 때문에 단 한 번의 손길에도 봉숭아 씨앗이 터지는 것과 같은 현상을 보인다. 반면에 아무리 교육을 받아도 변하지 않는 엄마는 철갑을 두르고 있는 느낌인데 강의를 들을 때마다 더 두꺼운 갑옷을 껴입는 인상을 받는다. 그런 엄마를 볼 때마다 도대체 그분에게 어떤 상처가 있기에 저리 교육이 들어갈 틈이 없나 생각한다.

사람의 변화 의지는 자유의지이다. 엄마의 자그만 변화에 아이는 세상의 변화를 품는다. 그것이 바로 엄마가 변해야 하는 이유이다. 엄마의 한 가지가 변하면 아이의 10가지가 변한다고 한다. 우리는 아이가 변화하지 않는다고 아이 탓을 하지만 아이의 변화는 엄마가 변하는 경험을 딛고 피어나는 것이다.

그러면 왜 이렇게 변하기가 힘들까? 아직 습관이 들지 않은 아이가 칫솔질이 습관이 되기 위해서는 27번의 반복이 필요하다고 한다. 그러나 이미 잘못된 칫솔질이 습관이 된 어른이 제대로 된 칫솔질을 하려면 300번의 반복이 필요하다고 한다. 게다가 여기에는 조건이 있는데 300번을 반복하는 동안 단 하루라도 거르면 다시 처음부터 반복해야 한다는 것이다.

이것이 바로 엄마가 변화하기 힘든 이유이다. 아이는 단지 한 달 정도만 반복하면 될 것을 엄마는 1년을 지속해야 하기 때문이다. 따라서 아이가 변하지 않는다고 탓하기 전에 과연 나는 얼마나 변화를 시도하고 지속해왔는지 생각해봐야 한다.

더 이상 독친으로 살지 않겠다고 결심하라!

엄마가 독친에서 득친으로 삶의 방향을 틀 때 아이 역시 엄마와 한 방향을 바라보며 산다. '셸드레이크장Sheldrake場'이라는 것이 있다. 루퍼트 셸드레이크Rupert Sheldrake 박사의 이론으로 한 번 일어난 일은 두 번, 세 번 일어날 수 있다는 것이다. 즉 엄마가 용기를 갖고 삶의 방향을 바꿀 때 높은 의식수준으로 살려는 엄마의 셸드레이크장이 아이 인생에도 영향을 미친다.

엄마가 갖는 마음과 행동은 모두 정보이다. 엄마가 변화할 때 높은 의식수준의 셸드레이크장은 이미 가정에 떠 있게 되고 아이는 이 장의 영향을 받아 아이 역시 높은 의식수준을 삶의 목표로 두며 영혼이 맑은 아이가 되는 것이다. 즉, 엄마는 아이 인생의 방향을 정해주는 설계도이자 인생의 네비게이터 역할을 한다.

그래서 엄마의 양육은 대물림된다. 엄마가 독친에서 득친으로 변해야겠다는 의지와 함께 실천을 하면 아이가 달라지는 것은 물론이고 부모에게 받은 양육의 대물림을 끊고 비로소 자신도 좋은 부모가 될 수 있다.

아이는 소우주이고 대우주인 엄마의 모든 것을 가지고 있다. 닮은 꼴이란 미시 세계는 거시 세계를 상징하고, 거시 세계는 미시 세계를 확대한 세계라는 것이다. 사람의 몸에서 일어나는 일은 대자연에서 일어나는 모든 현상의 축소판이라고 할 수 있다. 이는 프랙탈Fractal 이론과 통한다. 나뭇가지를 보면 가지 끝이 갈라지는 모양과 둥치에서 커다란 가지가 갈라져 나오는 모양이 비슷하다는 것을 프랙탈 구조라고 한다. 이 구조는 자연의 어느 곳에서나 발견된다. 심지어 어떤 사람은 이 지구가 신의 뇌라고 주장하기도 한다. 인간의 뇌 구조와 지구상의 하천 모습이 비슷한 모양이기 때문에 이런 상상도 가능하다.

아이에게 대우주인 엄마가 독친에서 득친으로 변할 때 아이의 마음과 몸에 변화가 일어난다. 이 우주의 먼지 하나에도 우주의 정보가 담긴다고 한다. 엄마가 독친에서 득친으로 변화하려고 마음먹는 그 순간 이미 아이의 몸과 마음은 달라져 있다. 이것을 '동시성 이론◆'이라고 한다. 모든 사건의 원인과 결과는 동시에 일어나는 것이다.

어떤 엄마는 이런 말을 했다. 득친이 되기 위해서는 의식수준의 향상이 있어야 하는데 그것은 전 생애를 거쳐 노력해도 힘들고 내가 노력하는 동안 아이는 이미 성장할 텐데 어떡하느냐는 것이다. 그러나 동시성 이론은 가정에서도 일어난다. 엄마가 더 이상 독친으로 살면 안 되겠다고 마음먹는 순간 이미 아이는 변해있다.

그래서 엄마는 적어도 호킨스 박사가 말하는 용기의 수준에는 도달해야 한다. 사실 득친이 되기 위한 조건인 의식수준의 향상을 삶의 목표로 갖기에는 엄청난 용기가 필요하다. 엄마가 용기를 내어 독친에서 득친으로 살고자 마음먹는 순간 우리 아이의 마음과 몸속에는 이미 좋은 부모의 싹이 자라고 있을 테니 말이다.

◆ 칼 융의 이론으로 어떤 우연이든 의미가 있다는 뜻을 담고 있다. 사람들이 살아가는 동안에 이따금 마주치는 이해하기 힘든 현상을 단순한 우연의 일치가 아니라 합리적인 인과율로 설명할 수 없는 무엇인가가 작용하는 것으로 본 것이다. 다른 미지의 연관으로 맺어진 심리적 평행 현상으로 여겨 공시성 또는 동시성(Synchronicity)이라는 이름으로도 불린다.

감사의 글

하늘나라에 가신 아버지께 감사를 드리며

세월호 사건이 나던 날 아버지는 거의 드시지 못해 입원을 하셨다. 나는 강의를 다닐 때 시어머니, 시이모님, 시아버지, 남편과도 다녔지만 정작 내 아버지와는 다녀보지 못했다는 사실을 갑자기 깨달았다. 아버지께 전화를 드렸다.

"아빠, 이제 저랑 강의 같이 다니세요. 저 이번에 춘천에 강의 가는데요…."

아버지는 어쩌면 그 말을 기다리셨다는 듯이 이전에 내가 알던 모습과는 다르게 밝은 목소리로 흔쾌히 그러자며 너무 기뻐하셨다. 강의하는 동안 엄마 아빠를 목욕하시도록 모셔다드리고 강의가 끝난 후 점심식사를 하기 위해 송어회와 매운탕, 닭갈비를 함께하는 곳으로 갔다. 엄마는 닭갈비를 드시겠다고 하셨고, 예전 같으면 엄마가 드시자는 대로 따르셨을 아버지가 송어회와 매운탕을 드시겠다고 하셨다. 내가 기억하는 한 한 번도 보지 못한 아버지의 모습이었다. 그날은 전과는 참 많이 달랐다.

식도암 수술을 받은 아버지는 역류의 위험이 있어 식사 후 항상 걸어야 했다. 송어회를 드신 후 아버지는 평상시처럼 산책하셨다. 매운탕이 다 끓었다고 말씀드리니 바로 오셔서 맛있는 음식을 허겁지겁 먹는 아이처럼 드셨다. 내가 그동안 무심하여 아버지를 관찰하지 못했는지 모르지만 내 기억으로는 그렇게 드시는 모습을 본 건 처음이었다. 나는 속으로 '아버지가 매운탕을 정말 좋아하시는구나.'라고 생각했다. 그날 민물매운탕을 좋아하는 내 식성이 아버지에게서 온 것 또한 처음으로 알게 되었다. 모든 것이 처음인 것처럼 그날 하루는 그렇게 지났다.

행복한 하루를 보낸 다음 날 들려온 소식은 아버지께서 밤새 토하셨다는 것과 구급차에 실려가셨다는 거였다. 병원에 들어가신 그날부터 병명을 알기 위한 검사가 일주일이나 지속되었다. 검사 때문에 물 한 모금 드시지 못하고 나온 병명은 소세포 폐암이었다. 이 병은 젊은 사람도 일주일 만에 죽을 수 있는 병이라고 했다. 정말 꿈같이 병명을 안 지 일주일 만에 아버지는 하늘나라로 가셨다.

넘치게 찾아오는 방문객으로 쫓기듯 1인실로 옮겼고 그곳에서 우리 가족은 아버지와 함께 천상에 있는 듯한 날들을 보냈다. 일본에 사는 남동생 가족 모두 함께했고 우리 가족은 아버지에게서 한시도 눈을 떼지 않고 아버지와 시간을 보냈다. 아버지가 주셨던 사랑을 서로 자랑하듯 이야기하며 아버지 곁을 떠나지 못했다. 동생은 아버지와 동해안으로 여행갔을 때 기차 안에서 아버지가 불러주셨던 노래를 잊지 못한다고 했다.

"아빠 기억나세요? 동해안으로 여행 갈 때 기차 안에서 아빠가 나를 꼭 껴안고 〈클레멘타인〉을 불러주셨잖아요. 그때 주변에 있던 사람들이 얼마나 부러워하며 바라보았는데…."

사실 우리 아버지는 지독한 음치여서 노래를 부르시는 경우가 거의 없었다. 그날은 어린 딸을 위해 큰 용기를 내셨던 모양이었다. 그때 나는 시험공부를 한다는 이유로 동생이 누렸던 호사를 누리지 못하고 동생의 기억으로 함께 행복했다. 그래, 우리 아빠는 그런 아빠였지. 이런 이야기를 하고 있는데 아버지의 하나뿐인 며느리가 아버지가 딸을 위해 불러주셨던 〈클레멘타인〉을 틀어주었다.

여동생은 아버지 귀에 음악을 들려드리며 "아빠 기억나세요? 나 그때 정말 행복했어요. 단 한 번 불러주신 그 노래가 아직도 내 마음속에 남아있어요. 왜 그렇게 잊히지 않는지 모르겠어요. 우리 아이들에게도 이 노래를 불러주며 할아버지가 엄마에게 불러주셨고 엄마는 그때 너무 행복했다고 말했어요. 아빠, 고마워요. 사랑해요."

누가 시작했는지 모르지만 우리는 아버지가 우리를 위해 불러주셨던 그 노래를 아버지를 위해 불러드렸다.

넓고 넓은 바닷가에 오막살이 집 한 채
고기 잡는 아버지와 철모르는 딸 있네
내 사랑아 내 사랑아
나의 사랑 클레멘타인
늙은 아비 혼자 두고 영영 어디 갔느냐
바람 부는 하룻날에 아버지를 찾으러
바닷가에 나가더니 해가 져도 안 오네

내 사랑아 내 사랑아

나의 사랑 클레멘타인

늙은 아비 혼자 두고 영영 어디 갔느냐

넓고 넓은 바닷가에 꿈을 잃은 조각배

철썩이던 파도마저 소리 없이 잠드네

내 사랑아 내 사랑아

나의 사랑 클레멘타인

늙은 아비 혼자 두고 영영 어디 갔느냐

내 사랑아 내 사랑아

나의 사랑 클레멘타인

늙은 아비 혼자 두고 영영 어디 갔느냐

우리는 '철모르는 딸'이라는 대목에서 어떻게 아셨지? 하며 까르르 웃기도 했다.

모든 것이 피어나는 찬연한 봄날 돌아가신 아버지가 그리워지면 나무에 앉아있는 새에게 "아빠? 아빠세요?", 날아다니는 나비에게도 "아빠예요?"라고 물으며 대답 없이 날아가는 나비를 바라보다가 눈에 들어오는 하늘을 바라보며 "아빠, 지금 어디에 계세요? 나 보고 계신 거죠?"라고 묻곤 한다.

춘천 가던 날 그토록 흔쾌히 가자고 하시고 매운탕을 왜 그리 맛

있게 드셨는지, 그것이 당신의 딸과 마지막 만찬이 될 줄은 어리석은 나는 꿈에도 몰랐다. 아마도 나 살기 힘들다는 핑계로 평생 내 손으로 따뜻한 밥 한 끼 제대로 못 해 드린 딸에게 마지막으로 효도할 수 있는 기회를 주시려고 그러셨던 것 같다.

'아빠, 다음 생에는 아빠가 내 아들로 태어나세요. 지금까지 못했던 것 다 해드릴게요. 따뜻하게 갓 지은 밥에 아버지가 좋아하시는 반찬들로만 맛난 상을 차려드릴게요. 딱 1년 만이라도 더 사시지 가슴이 멎도록 왜 그때 못했을까 후회가 돼요.'

이런 생각을 하다가 문득 내 아이들이 떠올랐다. 어쩌면 내 아들로 온 저 아이들이 과거에 내 아버지들일 수도 있겠다는 느낌이 들었다. 해드리지 못해 후회하는 딸과 다시 연을 맺어 기회를 주려고 내 아이들로 왔을 수도 있을 거라는 생각이 들었다.

그러자 돌아가신 아버지에게 못 해 드린 것을 후회하고 마음 아파하기보다 나와 연을 맺은 나의 아이들에게 내 아버지에게 하듯 해야 한다는 다짐이 몰려왔다.

이 책은 죽음으로 많은 가르침을 주시고 어리석은 딸에게 득이 되는 부모로 살아감을 그대로 보여주신 내 아버지에게 바친다.

준비된 엄마가 행복한 아이를 만든다

초판 1쇄 발행 2021년 9월 1일

지은이 백은영
펴낸이 이종일
편   집 도은주
펴낸곳 버튼북스

출판등록 2020년 4월 9일(제386-251002015000040호)
주 소 경기도 부천시 소삼로 38 휴안뷰 101동 602호
전 화 032) 341-2144
팩 스 032) 342-2144

ISBN 979-11-87320-44-9 (43180)